欠缺母愛的孩子，
你的傷好了嗎？

重新認識母親，
療癒母愛缺失帶來的無形創傷！

The Emotionally Absent Mother

潔絲敏・李・科里Jasmin Lee Cori──著

駱香潔──譯

健康 Smile.90	欠缺母愛的孩子，你的傷好了嗎？
	重新認識母親，療癒母愛缺失帶來的無形創傷！

原 文 書 名	The Emotionally Absent Mother
作　　　者	潔絲敏‧李‧科里 Jasmin Lee Cori
譯　　　者	駱香潔
封 面 設 計	柯俊仰
特 約 編 輯	王舒儀
主　　　編	高煜婷
總 編 輯	林許文二

出　　　版	柿子文化事業有限公司
地　　　址	11677臺北市羅斯福路五段158號2樓
業 務 專 線	（02）89314903#15
讀 者 專 線	（02）89314903#9
傳　　　真	（02）29319207
郵 撥 帳 號	19822651柿子文化事業有限公司
投 稿 信 箱	editor@persimmonbooks.com.tw
服 務 信 箱	service@persimmonbooks.com.tw

業 務 行 政　鄭淑娟、陳顯中

初版一刷　2023年02月
二版一刷　2023年02月
定　　價　新臺幣399元
Ｉ Ｓ Ｂ Ｎ　978-626-7198-18-6

Copyright © 2010, 2017, 2023 by Jasmin Lee Cori
Originally published in the U.S. in 2017 by The Experiment, LLC.
This edition published by arrangement with the Experiment, LLC.

Printed in Taiwan 版權所有，翻印必究（如有缺頁或破損，請寄回更換）

歡迎走進柿子文化網 https://persimmonbooks.com.tw
粉絲團搜尋：60秒看新世界
～柿子在秋天火紅 文化在書中成熟～

國家圖書館出版品預行編目(CIP)資料

欠缺母愛的孩子，你的傷好了嗎？：重新認識母親，療癒母愛缺失帶來的無形創傷！／潔絲敏‧李‧科里（Jasmin Lee Cori）著；駱香潔譯.
-- 初版. -- 臺北市：柿子文化事業有限公司, 2023.02
面；　公分
譯自：The emotionally absent mother
ISBN 978-626-7198-18-6（平裝）

1.CS：心理衛生 2.CST：親子關係 3.CST：母親

172.9　　　　　　　　　　　　　　　111019498

好評推薦

　　「好母親」這個詞聽起來總是令人感到沉重,然而,天下沒有完美的母親,她們當然可能犯錯,重點在於理解「母親」在一個人的成長過程中扮演了何其重要的關鍵角色,如此我們才有可能知道自己到底怎麼了。

　　當我們的生命中,未曾遭遇到好母親,我們的人生將會遭遇何等的風雨?是否「愛」會因此而缺席?

　　對母愛的期待與盼望,很是自然,但願我們都能透過閱讀展開新的人生。

──王意中,王意中心理治療所所長、臨床心理師

　　母親往往是我們一生中最致命的議題,許多未解的、難以改變的行為模式,最終常追溯到我們與母親的關係。本書像是索引,給予一個清楚明確的架構,簡明陳述母親的各個影響層面,包含母親角色的功能、角色失能時會造成的影響、為何失能、我們可以如何自救,讓讀者能快速理解脈絡、建立概念。覺得自己不對勁,卻又不曉得是哪裡出了問題的人,相信看了這本書,會比較有機會找到線索。

──巴小波,情緒教育者、「巴小波」臉書粉專版主

　　你是一個「愛的奶水」匱乏的人嗎?從小爹不疼、娘不愛,怎麼辦呢?

　　認了!把小時候沒有被父母愛夠的自己認回來,這是療癒自己的第一步。

　　切記,母親不愛你,這不是你的錯,或許她本身也是個缺愛的

人，而一個人無法給別人她身上沒有的東西，不是嗎？請不要自憐自艾、繼續當一個受害者，為今之計，你該做的事就是「好好把自己愛回來」。

具體做法是：
1. 認回自己童年的創傷。
2. 學習自己當自己的好父母。
3. 好好閱讀這本書，或許它會帶給你意外的療癒靈感。

──周志建，資深心理師、故事療癒作家

不再自責，允許自己憤怒及釋放，換上充滿愛的內在濾鏡；開創更幸福的未來，才能真正地從過往的親緣傷痛中走出來，而這也是你給自己最好的交代。

──洪培芸，臨床心理師、作家

身為擅長催眠的心理師，這些年來我看到世代間的衝突，往往源自於一個關鍵原因：吸收源自歐美心理學強調情感界線價值觀的孩子們，將知識當成武器，指向當初「傷害」自己的母親們。同時，母親卻有說不出的苦：由於承襲上一代的教養觀念，在她眼中，她只是將自認為的愛提供給孩子而已，未料在數十年裡，人們對愛的定義竟然已經改變。

在實務現場，我還看到另外一群受苦的人，雖然童年遭到遺棄、忽視甚至是情感虐待，卻為了守護對母親的忠誠度，因而將所有痛苦歸因於自己不夠負責與努力，並因此受到雙重傷害：童年創傷，以及自我譴責的痛，甚至他們經常困惑著母親又不是惡人，自己的情況真可嚴重到說是創傷嗎？

潔絲敏・李・科里用相當有系統的方式，以依附理論陳述母親對

孩子的重要性，並釐清刻意遺棄與虐待，以及無心忽略兩者之間，具有哪些差異，甚至可能有什麼因素，使得母親對於愛護孩子感到無能為力。

最後也是最重要的，潔絲敏・李・科里提醒我們已經長大了，無論過去發生什麼事情，都應為此刻的療癒負起責任，如作者所言，這本書不是為了追究母親失責而寫，而是為了支持我們的療癒而寫。

如果你正受苦於得不到母親關愛的遺憾，或許翻開這本書，你能獲得許多支持與陪伴。

——張義平（幽樹），諮商心理師與對話式催眠創始人、「幽樹的療癒客棧」粉專版主

身為諮商心理師，我陪伴許多人療癒原生家庭所帶來的創傷或影響。在看這本書的同時，我的內在彷彿也跟著一起被療癒。由於世代的遷移，有許多適合當時世代的價值觀、想法、行為如今或許不一定適用於現在的世代——人給不出自己沒有的東西，認清父母也有其限制，是第一步療癒的開始。當我們有機會看懂來自原生家庭脈絡的影響，就有機會重新揀選什麼東西適合自己，而不再被不合時宜的東西給牽絆住。

我特別喜歡潔絲敏・李・科里在書中提到如何自我療癒的部分：我們可以感到憤怒，這些憤怒也需要充分被表達出來，憤怒所牽引出來的是，關於我們個人的界線。當我們知道自己的界線在哪裡，才有機會與父母分化，尊重他們世代帶給他們的東西，同時也尊重自己想要的！

曾經，我也深陷原生家庭的影響，總是覺得自己不值得過上好日子。後來，有一位老師對我說：「在接下來的時間，你能不能允許自己過得比你重要的人更好，先提高自己的生命質量，再帶領他們慢慢一起走過去呢？」

這段話猶如醍醐灌頂，持續地在我的心裡發酵，讓某些來自家庭的印記不再是綑綁，而變成一種突破的力量。

　　我想，這或許真的是那些「不得不」的解法之一，不再等待那份遲遲未來的愛，而是先把精力花在好好照顧自己、把自己活出一個好看的樣子，再回去影響他們。

　　《欠缺母愛的孩子，你的傷好了嗎？》提供了好多實際的做法，都值得我們一起去嘗試。願大家都能活好自己，當系統中一顆螺絲釘開始啟動，或許就會出現一些新的流動，在系統中活化。

　　　　　──許庭韶，諮商心理師、人生設計心理諮商所所長、美國NLPU高級導師

　　身為專注母女議題的心理師，我看過不少相關議題的書，作者們從自己的專業各自用不同的描述方式來討論母女關係，《欠缺母愛的孩子，你的傷好了嗎？》是一本將理論跟案例統整的很好的書，後來我回頭看作者潔絲敏・李・科里的介紹，原來她不只是心理治療師，同時也是在大學開課的老師，如果有一門以母女關係為題的課，那麼這本書必然是入門的教科書。

　　書裡的觀念讓我在治療師與母親角色裡各有不同感觸與收穫。有一個章節提到好母親的功能，其中我對「支持『身為孩子』的本來特質」這段特別有感觸，依賴、有需求、容易受挫折、天真、不成熟、敏感、愛撒嬌等，都是孩童階段的天性，可是在很多親子關係裡卻容不下這些特質，父母希望孩子脫離童年趕快長大，殊不知唯有身為孩子的特質獲得足夠的支持，一個人才有機會真正了無遺憾地從童年走到成年。

　　這本書不僅讓我看到母親沒做到的事，也讓我看見我們已經做得很好的部分，那些身為母親每天必須重複而持續的瑣事，對孩子來說都是深具意義的，讓我們成為孩子的源頭，讓他們好好依附，調節他

們不成熟的情緒,做一面幫助他們認識自我的鏡子,在他們需要時充當啦啦隊或人生嚮導,在他們脆弱時成為保護者和基地,成為母親也可以是你的自我實現。

——黃惠萱,臨床心理師、作家

《欠缺母愛的孩子,你的傷好了嗎?》探討面向相當完整,不僅幫助讀者更加理解媽媽所扮演之角色,以及她們失職的可能原因,同時也為每一位缺乏母愛的人找到了自我療癒之法。作者論述之細膩、精準,著實令人激賞!

——愛瑞克,《內在原力》作者、TMBA共同創辦人

具名推薦

小熊媽張美蘭
　　親職、繪本作家

陳安儀
　　親職作家

陳志恆
　　諮商心理師、暢銷作家

蔡宜芳
　　諮商心理師、作家

黃之盈
　　諮商心理師

魏瑋志（澤爸）
　　親職教育講師

蘇予昕
　　蘇予昕心理諮商所所長、暢銷作家

國際好評

帶著同理和通透的心，潔絲敏・李・科里為我們描述母愛缺失的影響，以及如何克服這些影響。這本書對想要為孩子創造充滿關愛的環境之新手媽媽、終於想要填補心中缺口的成年子女，以及對理解和療癒母親創傷有興趣的臨床工作者來說，都極具意義。
——艾芙琳・巴索夫（Evelyn Bassoff）博士，心理治療師，著有《母女之間》

對於需求沒有在母親的照顧中得到滿足的人來說，本書將使你茅塞頓開。作者以細膩而可靠的方式，富有同情心地闡述發展（指個體從生命形成到死亡期間，在年齡、經驗、學習和成熟過程中的身心連續性變化）原則以提升我們對母愛缺失的理解。
——康妮・道森（Connie Dawson），《再長大一次》共同作者

潔絲敏・李・科里細述童年依附需求的重要性，以及當情感缺席的母親無法滿足這些需求時，會造成哪些心理創傷。她為有創傷的成年人列舉明確的步驟，幫助他們找到內在力量，療癒依附創傷。我誠心推薦這本書給因為母親在情感上缺席而留下創傷的人，它能幫助你們理解和療癒創傷。
——雪莉・珍恩・施密特（Shirley Jean Schmidt），合格心理治療師，著有《滿足發展需求的策略》

潔絲敏・李・科里透過慈悲和堅定的聲音引導讀者了解，沒有從母親身上得到足夠情感支援的孩子，成年後將面對重重的險阻。作者有豐富的個人經驗與心理治療的臨床經驗，為讀者提供真知灼見與實

用做法，幫助他們克服痛苦的童年所造成的各種挑戰，邁向幸福快樂的成年人生。

　　──凱薩琳・布萊克（Kathryn Black），心理治療師，著有《成為母親不需要地圖》

　　《欠缺母愛的孩子，你的傷好了嗎？》將神經科學與臨床經驗巧妙融合，深入淺出，發人深省。潔絲敏・李・科里為母親的重要性提供了深具說服力又溫暖人心的分析，這本作品的意義不亞於愛麗絲・米勒的《幸福童年的祕密》。本書內容通俗易懂又實用，對計畫成為父母的人、從事心理諮詢的專業人士，還有曾經因為父母的疏忽而留下創傷的成年人來說，真的是非讀不可。

　　──凱特・克羅利（Kate Crowley），職能治療博士、職能治療師、南加州大學兼任教師、嬰幼兒心理健康專家

　　幾年前，我在度假的時候讀了《欠缺母愛的孩子，你的傷好了嗎？》，它是喚醒我的許多書之一……我開始「重新撫育」自己，而這改變了我的生命。

　　──妮可・勒佩拉（Nicole LePera），《紐約時報》暢銷書作家，著有《全人療癒》

獻給沒有母親

一個人單打獨鬥

以及即使母親近在眼前

卻依然孤立無援的孩子

媽媽，妳在哪兒？

我跨出人生的第一步
顫顫巍巍，志得意滿，欣喜若狂
如鳥兒初次發現自己會飛翔
回頭一望，笑容凝結在臉上
我找不到妳
媽媽，妳在哪兒？

我第一天上學
坐上嘈雜搖晃的校車
前往全然陌生的地方
孩子擠成一團，大人憂心張望
我面對眼前全新的世界
媽媽，妳在哪兒？

我第一次哭著跑回家
承受不了其他孩子的嘲笑
他們的話語仍在腦中迴盪
我需要媽媽的安慰
但是妳一聲不響

老照片裡有妳的身影
但是在我的記憶裡，妳缺席了
我不記得慈愛的擁抱或撫慰

不記得屬於我倆的特別時刻
不記得妳的氣味，不記得妳的撫觸

我記得妳眼睛的顏色
和妳眼神深處的痛苦
那痛苦常常被隱藏起來
跟其他情感一樣
我無法掀開妳的面具

妳看著我，卻沒有看見我
妳的溫度從未觸及這個小女孩的心
媽媽，為什麼我們錯過彼此？
妳在哪兒？
是我害的嗎？

——潔絲敏・科里——

好評推薦　3
具名推薦　8
國際好評　9
媽媽，你在哪兒？　12
第二版前言　21

Part 1　我們需要母親　27

1　身為母親──擁有什麼特質才算好母親？　28
生命之樹　28
媽媽是我們的原料　30
誰能成為母親？　31
夠好的母親　32
好母親傳達了什麼訊息？　33
少了「好母親訊息」會怎麼樣？　37
欠缺母愛意味著什麼？　39

2　好母親原型──認識好母親的多重樣貌　40
母親是源頭　41
母親是依附之地　43
母親是第一線救難人員　44
母親是調節器　46
母親是養育者　48
母親是鏡子　49
母親是啦啦隊　51
母親是人生導師　53

母親是保護者　56
母親是基地　57

3　依附是最初的基石──母嬰關係和聯結影響孩子的未來　59

依附的形成與安全型依附　60
依附為什麼重要？　61
如何確認你是否屬於安全型依附？　63
非安全型依附四大類型　64
與依附有關的創傷　69
滿足不了孩子的依附需求是母親的錯嗎？　70
長大後才建立安全型依附來得及嗎？　71
找到你的依附對象　71
辨識你的依附類型　72
你可能不只有一種依附類型　74
與母親的關係會影響你往後的人際關係　75
改變依附模式會很難嗎？　76

4　造就你的其他基石──好母親的其餘功能　77

母親如何給你安全感？　77
快樂的家與快樂的母親　79
情感破裂後可以再修復的能力　80
母親和家給你的歸屬感　81
母親是孩子自我意識萌芽的推手　81
提供順應本性成長的適當環境　82
支持「身為孩子」的本來特質　84

足夠的肢體接觸　85
　　愛是媒介，也是訊息　87

Part 2　母愛如何出錯？　89

5　媽媽，妳不愛我嗎？——是我害的嗎？　90
　　缺乏母愛留下的缺口　90
　　孩子需要母親的真實陪伴　92
　　當母親無法正常展現母愛……　94
　　母親為什麼會在情感上缺席？　96
　　孩子如何解讀母親在情感上缺席？　98
　　當失能的母親是孩子的唯一依靠……　99
　　為什麼有的孩子會受更多苦？　99
　　互相對峙的親子關係　101

6　那些欠缺母愛的日子——與失能母親生活的痛苦　103
　　那個戴面具的女人是誰？　103
　　感受不到被支持的力量　105
　　失去生活或人生的引導　106
　　媽媽的心裡沒有我　107
　　機械媽媽——她好像沒有人類的心　108
　　有人照看我嗎？有人在乎我嗎？　110
　　媽媽不知道我需要什麼　111
　　媽媽拒絕我的求助　111

明明有媽媽，卻像沒有媽媽　113
找不到人生的定錨點　115
沒有母親，就沒有自我　115

7　當孩子被情感忽視或情感虐待──童年逆境的長期影響　117

什麼是情感忽視？　117
情感虐待有何不同？　118
情感忽視與虐待如何毀掉一個孩子？　120
童年情感忽視的十五大影響　122
情感虐待帶來的更多問題　127

8　母親出了什麼問題？──從理解母親怎麼了開始　135

她不知道怎麼做對孩子比較好　135
她封閉了自己的情感　136
她從未長大成熟　137
她沒有能力去付出　138
她可能有心理疾病　139
她失去控制憤怒的能力　143
身心的障礙讓她變得苛薄　144
她精神失常　145
她有情緒反覆無常的狀況　146
她無法理解他人　147
她不敢面對痛苦的現實　148

Part 3　療癒母親留下的傷　149

9　療癒的重要步驟──埋傷、掘傷到療傷　150
被掩蓋的創傷,及其裂縫　150
挖掘創傷,正視童年逆境　151
這不是你的缺陷,而是你缺乏的東西　152
面對並處理你的感受　153
寫日記安放感受　155
「允許憤怒」的療癒力　157
好好悲傷,直面悲慘的真相　160
你不必強迫自己放下過去　162

10　連結好母親能量──彌補童年缺失　164
允許自己對好母親的渴望　164
與好母親原型建立連結　165
善用好母親的「好」　168
獲得母愛支持的第二次機會　169
尋求伴侶的支援　170
「隨身攜帶」好母親　176

11　呵護你的內在小孩──撫育過去受傷的自己　178
療癒內在小孩的常見方法　179
孩子是自我的母親　181
整合你的內在小孩　182
對失能的母親放手　189
成為自己最好的母親　192

為內在小孩創造安全空間　196

與內在小孩相處　196

練習好母親訊息　197

治癒沒人愛的內在小孩　199

改變你的「內在濾鏡」　200

12 你可能需要的心理治療——母職的議題與需求 201

和好母親功能的相似之處　202

以依附為導向的治療及其注意事項　204

如何看治療中的肢體接觸？　206

治療師成為代理母親——重獲母愛治療　207

從孤獨到安全型依附　210

從充滿挫折到心滿意足　213

把治療師當成「教養媽媽」　213

給治療師的建議　214

13 填補缺愛的洞口——其他療癒方式與實用策略 216

找到特定的「洞」　217

主動出擊　219

當你覺得欠缺支持時⋯⋯　220

取得支持的十個有效做法　222

重新培養自信　224

找到你的力量　225

保護你珍惜的東西　227

讓自己被看見　228
　尋找安身之地　229
　認識情緒　231
　接受自己的需求　233
　培養建立親密感的能力　235
　運用正面的肢體接觸　236
　跳脫被剝奪感　236
　留住正面感受　238
　學習自我照顧　240
　安排有益身心的活動　243
　受傷不是你的錯，但你要為療癒負責　243

14 改寫故事──客觀審視母親的人生　244
　母親的故事　245
　你的故事　248
　親子雙人舞　249
　評估你和母親的最佳關係　249
　該不該原諒母親？　258
　沒有好母親的我，能成為好母親嗎？　260
　不要著急，慢慢來　261
　療癒有結束的時候嗎？　262

附錄
　三位母親，三個訊息：引導想像練習　265

第二版前言

　　我們對母親的感受之深刻，是其他生命經驗難以匹敵的，其中有些感受的根源可追溯到我們學會說話之前，因而遺落在黑暗深處。它們像樹枝那樣向四面八方伸展，有些沐浴在燦爛的陽光裡，有些則在斷裂後留下不規則的尖銳邊緣，而我們就困在這樣的邊緣上。

　　母親不是一個簡單的議題。在文化與心理層面上，我們對母親的感受經常是前後矛盾、糾結難解的。母親跟蘋果派都是有力的象徵，在美國精神裡備受崇敬，卻在國家政策上遭到忽視，舉例來說，美國的家事假政策與其他先進國家相比，顯得十分不足。如果我們有真的認真看待母親能為孩子提供的支援，那就應該為母親提供更多經濟、家務和教育方面的協助，但目前的情況是，母親的重要性被捧得高高在上，但卻幾乎沒有得到任何支持。

　　身為成年人的我們都有意識到這個問題。幾乎沒有人認為母親不值得尊敬，也都覺得母親經常被視為理所當然的存在，導致她們的犧牲沒有受到重視，但其實有很多人對母親的對待偷偷（或是沒那麼偷偷）感到不滿，並且對母親沒在重要的人生方面滿足我們的需求心懷憤恨──無論那是不是母親的過錯，而我們正在為此付出代價。

　　這些問題十分敏感，無論對母親或我們每一個人來說，都是如

此。有些人為了不讓母親遭受批判，會反過來批判那些對母親不滿的人，指責我們不該責怪母親，彷彿我們把自己的痛苦都不公平地怪罪在母親身上。

我不否認有些人可能會用責怪來轉移焦點，沒有為自己艱難的療癒負起責任，但是身為治療師，我更常看見的情況其實是：為了停止保護母親，人們必須先處理巨大的罪惡感與心理抗拒——我們好像連躲在隱密的內心深處，也不敢說母親的不是。為了保護內在的母親形象、保護我們和母親脆弱的關係，我們拒絕承認可能會動搖母親形象與這段關係的事情，同時把失望、憤怒與痛苦趕出意識。我將在後面的章節裡說明，很多人沒有勇氣揭露母親有所欠缺的痛苦真相，因為他們還沒有準備好，不知道怎麼處理這些真相所代表的一切。

母親與孩子的關係錯綜複雜，而這樣的關係必然愛恨交織。年幼的孩子在需求或願望沒有獲得滿足的那個片刻，大部分都會心生怨恨，只是很多孩子不敢表達出來，因為他們跟媽媽的關係搖搖欲墜。幾乎所有的孩子都愛母親——即使這份愛被深埋起來，或是被阻隔在外。羅伯特・凱倫（Robert Karen）在他整理的依附研究中指出：

> 幾乎所有的孩子，包括受虐的孩子，都很愛自己的父母，這是孩子與生俱來的天性。就算受到傷害、感到失望、被困在不可能得到他們渴望的愛的毀滅模式裡，但依附——就算屬於焦慮型依附——代表孩子愛著父母。
>
> 這份愛或許每年都會少一點點；孩子或許每年都會用更堅定的態度告訴自己別再渴望情感連結；他甚至會發誓要捨棄父母，否認自己對父母還有愛。但是，這份愛沒有消失，他們依然積極表達對愛的渴望，也渴望再次擁有愛；他們隱藏的愛如豔陽般炙熱。

從凱倫的文字可看出這種關係的複雜程度。沒有人不渴望母愛。

對為人母親者來說，母親的支援是個敏感話題。我在動筆寫《欠缺母愛的孩子，你的傷好了嗎？》時，注意到了一件事：當我與身為母親的女性分享本書的內容觀點時，她們會表現出罪惡感與戒心。她們似乎想說：「不要把我看得那麼舉足輕重。孩子的生命裡有很多影響因素，他們最後變成怎樣的人，不能全怪到我頭上。」

確實如此。我們帶著巨大的個別差異誕生在這世界上，此外還有其他的童年影響，包括在家裡的排行、與父親的情感連結、父親的育兒能力、環境與基因對孩子基本體質的影響、家族動態、疾病等重大家庭事件，以及文化環境的壓力等等。

然而，縱使有這麼多影響因素，母親的影響仍然是無與倫比的。一個體貼細心、有能力、充滿關愛的母親，能幫助孩子克服許多其他的不利條件，而缺少這樣的母親支援可能就是最大的不利條件，如果母親沒有完成這份必要的、至關重要的工作，孩子的基礎便會存在一些嚴重缺陷。

我把焦點放在母親身上，不是想把更多罪惡感或責任放在母親身上，而是因為母親的支援對我們的發展來說是一股強大的力量。我所期望的是，藉由了解這些因素，能幫助我們了解自己，最重要的是，幫助我們完成發展任務，使缺乏母親支援造成的創傷得以療癒。

對於已經成為人母或即將成為人母的讀者，希望我對母親的各種功能所進行的分析，以及我對撫育重要性的強調，能幫助妳找到正確的關注焦點。雖然母親支援孩子有些來自母愛天性，也會透過好母親代代相傳，但是對許多女性來說，想做好母親這個角色依然需要刻意學習。如果妳沒有從母親那裡得到足夠的愛和支援，那麼妳的任務有兩個：一個是療癒自己的創傷，一個是用跟妳母親不一樣的方式對待自己的孩子。

動筆之初，我想對欠缺母愛照料的成年人進行深入的了解，因此除了親友圈和心理治療工作上認識的成年人之外，我公開邀請「欠缺母愛」的成年人接受訪談，並立刻收到如雪片般飛來的回信。雖然我原本接觸女性的機會就比較多，但毫無意外地，願意與陌生人討論過往經驗的女性多於男性。

我的訪談並不科學，所以我不能宣稱我對欠缺母愛的成年人進行的分析具有人口結構或社會學上的意義，但是我相信，他們勇敢而深入的自我揭露值得我們參考。訪談結果散見於本書各章節，不過以第六章〈那些欠缺母愛的日子〉為大宗，我在當中描述了受訪者的童年環境，以及他們成年之後所面對的各種挑戰。

這本書的第一版著重於情感疏離的母親造成的影響，然而，第一版問世之後的這幾年裡，我對於情感缺席的母親以及情感忽視和情感虐待的交互作用有了更進一步的認識，因此我在擴增內容的第二版裡加入了與虐待相關的討論，以及導致母親出現這種行為的原因。

這一版分為三個部分：

- 第一部檢視孩子為什麼需要母親，包括良好的母親支援具備哪些基本要素，還有人生的第一個依附關係為什麼如此重要。
- 第二部討論當母親的支援出問題時會發生什麼事、情感忽視與虐待會造成哪些影響，以及是什麼導致母親以這種方式令孩子失望。
- 第三部處理的主題是療癒。先大致介紹療癒的過程，然後逐章探索心理治療、重新撫育內在小孩、彌補未獲滿足的需求，以及用成年人的身分維持與母親的關係。

這本書也提供了一些練習，做不做都可以，此外，我也安排了休息的段落，讓讀者有機會消化內容、反思自身的情況。即使你決定不

要正式回答這些問題，我仍鼓勵你花點時間思考它們，並仔細聆聽心裡的聲音。

閱讀這本書的一大好處是增進你對自己的了解和療癒，所以我建議你慢慢來，你必須扮演自己的守門員，如果處理某些部分令你感到痛苦，不妨停下來想一想你需要什麼樣的支持。無論在任何時刻，記得只處理自己應付得來的任務就好，以此來練習當自己的好母親；你隨時都能回頭處理未完成的部分。

有些讀者會覺得第一部討論的好母親喚醒太多記憶，他們承受不住，想留到之後再看；完全沒問題！雖然每一章都承接前一章的內容，但是你可以用適合自己的方式閱讀。

我為這本書設定的四個目標是：

- 幫助你解析你從母親身上得到哪些支援。
- 幫助你找出母親的支援和你碰到的人生難題之間有何關聯。過去你以為的個人「缺陷」或許跟母親的支援裡的「缺陷」有關，這可減輕你的自責。
- 針對彌補欠缺的元素提供建議：藉由治療、親密關係或靠你自己的力量去彌補。
- 為你提供更多的工具和選擇，來幫助你決定成年後的自己該如何處理與母親的關係。

好消息是，欠缺母愛造成的缺陷是可以彌補的，或許無法完全彌補，但絕對意義重大，這是我們原本連想都不敢想的事。我們可以療癒缺愛的內在小孩，變成更有力量、充滿愛的成年人。這是值得你親自走一遭的旅程。

Part 1
我們需要母親
What We Need From Mother

❚❚ 身為母親
擁有什麼特質才算好母親？

如果連你自己都還有很多尚未滿足的需求，你就很難為別人付出——但身為母親必須不斷付出。

《人類大家庭》攝影展有張照片令我永生難忘。這張照片在世界各地展出，最後收錄在一本攝影集裡。照片中，一個高高瘦瘦的黑人女性與兩個年幼的孩子站在一起，因為背著光，他們的臉很暗。照片的對頁引述了幾句格言，其中一句話是——

<u>她是孩子的生命之樹。</u>

生命之樹

生命之樹。一棵提供遮蔽、家、保護的樹；一棵可以攀爬和覓食的樹；一棵似乎比你高壯許多倍的樹……

一棵屬於你的樹。

在神祕學的傳統裡，生命之樹是生命發展的縱軸，對家庭與孩子的情感來說，母親也是這樣的縱軸。早在基督教尚未出現的很久很久

以前，人類就經常將生命之樹描繪成母親，大母神／女神也經常被描繪成一棵樹。

因此，樹是母性的自然符號。樹結出果實、綻放花朵，鳥兒與動物在樹上和樹下棲息，樹遮風避雨、提供食物；樹往四面八方生長，特別是那向外擴展的弧線，使它更像是一座豐沛的噴泉。生命之樹的原型中，有一部分就是這種慷慨付出的感覺。

這個原型在希爾・弗斯坦（Shel Silverstein）的童書《愛心樹》中得到了體現。《愛心樹》問世於一九六四年，被視為愛與奉獻的經典寓言故事，故事的主角是一個男孩和一棵非常愛他的樹。這棵樹為男孩付出一切，她讓男孩在樹枝上盪鞦韆，為男孩提供遮蔭，為他長出蘋果，讓他用樹枝蓋房子，她甚至讓男孩砍掉樹幹造了一艘船，最後，她只剩下一截殘幹，男孩成了老人，她讓他坐在殘幹上休息。

不少人發現，男孩與樹的關係很像孩子與母親，樹把男孩的需求擺在第一位，她一而再、再而三地為他付出。母親有時候必須在孩子的需求與自身的需求之間取捨，除了母親的角色與其他人際關係，她也是需要發展自我的人類——許多女性都曾哀嘆，她們在成為母親和伴侶之後失去了自我，然而話說回來，一名女性假使尚未做好照顧他人需求的準備（至少在人生中的某一段時期），那就代表她還沒有能力承擔為人母的任務。

女性無法充分承擔育兒的重責大任有很多原因，而且都很合情合理，遺憾的是，她們通常別無選擇（或認為自己別無選擇）。無論是出於意外還是為了滿足社會期待才懷孕，女性確實會在非自願的情況下成為母親，這樣的女性通常還不是成熟的大人，她們沒有能力應付即將改變的人生。

如果連你自己都還有很多尚未滿足的需求，你當然很難為別人付出——但身為母親必須不斷付出。一個好母親會在孩子冷的時候分享

體溫,在孩子需要營養時提供母乳;尚未出生的胎兒與吸吮母乳的嬰兒,都吸收了來自母親骨骼的鈣質。這還只是非常基本的付出,難怪「母親」是犧牲奉獻的象徵!

媽媽是我們的原料

「母親是我們的原料」這句話有兩層重要意涵,首先是顯而易見的生物學事實:我們在母親的體內孕育成形,吸取母體的養分;其次是心理層面:我們的人格、心靈與心理結構部分來自母親。

身為人類的我們,從裡到外都有母親真實的存在。看完接下來的內容,你就會更加明白。

我們的心理結構、我們對自己的看法、我們的自尊心、我們對人際關係的無意識信念,全部都有母親留下的深刻銘印。除了母親本身的影響,我們與母親的互動也是建構這些東西的基本材料。

這些基本材料會使我們感到如沐春風或痛苦萬分,取決於我們跟母親的互動,重點不在於母親做了什麼,她散發的能量和愛才是關鍵,她餵寶寶喝奶時是不是很生氣?還是心不在焉?以關愛的心情全神貫注餵養寶寶,媽媽的乳汁與媽媽的心才不會各彈各調。餵奶時心不在焉,乳汁會變得沒那麼營養,寶寶喝奶時會感受到不對勁,或許是沒那麼容易吸到乳汁,也或許是伴隨乳汁而來的是不舒服的互動。

用童謠的口吻來說:「如果這種互動很棒,感覺真的是超超棒;如果這種互動很糟,感覺真的是有夠糟。」

雖然這種看法比較非黑即白,但是幼兒通常會用很強烈的感受去體驗世界,你可以感受到母親是你內在的支撐力、是不離不棄的愛,你也可以感受到內在有東西死去或遭到毒物侵蝕──這毒物是你從你跟母親的互動中吸收到的,很可能來自她的內心。

重點不在於母親做了什麼,她散發的能量和愛才是關鍵。

誰能成為母親？

　　雖然我們與親生母親的關係會影響我們一輩子（即使一出生就與生母分離也一樣，例如母親過世或寶寶被送走），但我在本書裡說的「母親」和「媽媽」不限於親生母親。當我問你關於母親的事時，指的是發揮母親這個重要功能的人，而「好母親」一詞指的是照顧、餵養、保護你的任何一個成年人，他們能滿足我在下一章所描述的各種功能。因此，養母、祖母或繼母，甚至是父兼母職的父親，都有可能是「好母親」。不屬於家庭內部小圈圈的人也可以幫忙照顧孩子的需求（甚至直至孩子成年後），例如老師、女性長輩、朋友的母親、治療師、伴侶。甚至是長大後的我們，也可以滿足自己的部分需求，理解那個欠缺母愛的孩子仍住在心中，渴求著他兒時需要的東西。

　　不是每個女性都能適應母親的角色，但是大自然已盡力為親生母親提供許多優勢。

　　研究顯示，做為一個群體，母親會本能地做出嬰兒喜歡的行為。瑞典有研究發現，即便母親外出工作，主要照顧者是父親，寶寶還是明顯比較喜歡跟母親在一起。

　　大自然也藉由荷爾蒙為母親提供支援（尤其是催產素），因為荷爾蒙與建立感情連結的行為之間存在著關聯性，也讓母親有心情與寶寶建立感情連結。

　　親餵母乳的姿勢，使寶寶處在注視母親雙眼的完美距離——當然我們也知道，胎兒在子宮裡發育時，親子關係就已在悄悄成形了，胎兒會回應母親的心跳、聲音、穿透腹腔壁的撫觸，以及她的能量。

　　遺憾的是，光靠這些天生優勢仍不足以幫助某些女性做好扛起母職的準備。因此，親生母親以外的人也能提供「母愛」，實在是很值得慶幸的事。

夠好的母親

母親不需要完美，也不可能完美。

假使完美真的存在，那也是在孩子的眼神裡——當母親在滿足孩子的基本需求時表現得夠稱職，她會感受到孩子的全然崇拜。這有很大的幫助，因為當你完全依賴一個人的時候，你會想要相信對方可以勝任這份工作，你會對一些小失誤與手忙腳亂視而不見，並強調積極面——這其實是很好的心理策略，也是很好的演化策略，因為孩子的好心情也有助於母親跟孩子建立情感連結。

「夠好的母親」一詞的發明人溫尼科特（D. W. Winnicott）是一位著名兒科醫生兼精神分析師，這個詞代表的是——母親能提供足夠的必要條件，幫助孩子建立良好的人生起點。

溫尼科特認為，夠好的母親的主要工作是適應寶寶。他表示，夠好的母親一開始會做到幾乎配合寶寶的每一個需求，但之後會慢慢減少適應程度，因為寶寶對挫折的承受力會愈來愈高。總是立即滿足寶寶所有需求的母親，會害寶寶失去學習新行為、發展新技巧、處理延遲與挫折感的需求。

近年來的研究也強化了這種觀念，認為母親不必百分之百了解和滿足寶寶的需求，也能當個夠好的母親。母親只需要花三十％的時間跟寶寶同步即可（同步的定義是處於和諧狀態，母親與寶寶同頻）。這樣不算是過分的要求吧？

心理治療師兼作家黛安娜・弗沙（Diana Fosha）認為，「與同步這種天生能力同等重要（甚至更重要）的，是修復不同步以便重建最佳情感連結的能力。」夠好的母親要能修復每段關係中不可避免的裂痕，她不可能永遠都做對，但是她必須知道犯錯時該如何補救。

在這方面，有研究指出，母親能從孩子那裡得到幫助。

> 母親不可能永遠都做對，但是她必須知道犯錯時該如何補救。

從一出生，**寶寶**就有與母親維持強烈情感連結的渴望與能力，他們也能充分利用母親為修復裂痕所做的努力，這是他們與生俱來的能力。對一個孩子來說，修復親子關係中不可避免的裂痕，可以增強他的力量和自信，反過來說，**寶寶**如果無法得到母親的關注、無法在關係斷裂後重新建立連結，他可能會對人際關係與滿足自我需求感到極度的無力和沮喪。

當母親對孩子的了解不足以回應孩子的需求時，孩子最終會反過來適應母親，如此一來，孩子會與核心經驗脫節，然後發展出溫尼科特所說的假我。

好母親傳達了什麼訊息？

母親如何回應我們的基本需求，會讓我們知道自己對她來說有多重要。她是否為我們慷慨付出（甚至樂在其中），還是把滿足我們的需求視為負擔，顯露出「你在煩我」的態度？在幫我們換尿布或穿衣服的時候，她的撫觸是輕柔慈愛的、講求效率的、有點突兀感，甚至是像機器一樣冰冷？她的眼神說了什麼？她的表情呢？她的行為和選擇傳達了些什麼？這些都是母親與我們的溝通方式，也形塑了我們和母親的關係；這些細節建構出我們接收到的訊息基調。

我們先看看好母親會傳達給孩子哪些訊息，然後再想想欠缺母愛的人聽到的訊息是什麼。

以下便是十個基本好母親訊息：

- 我很高興你在這兒。
- 我看見你。
- 你對我來說很特別。

- 我尊重你。
- 我愛你。
- 我重視你的需求。你可以向我求助。
- 你需要我時,我一定在。我會為你挪出時間。
- 我會保護你。
- 在我身邊,你可以放輕鬆。
- 你使我開心。

接下來,讓我們一一檢視這些訊息吧。

☑ 我很高興你在這兒。

對孩子來說,「我很高興你在這兒」是很重要的第一個訊息,這個訊息可藉由行為傳達出來,讓孩子知道自己受到珍視與渴望。

很多人相信這種被渴望的基本感受在出生以前就已存在。當然,孩子在生命中感受到自己被渴望與不被渴望的時刻都很多,我認為這不是全有或全無,而是程度上的差別。孩子偶爾感受到不被渴望沒有太大關係,經常讓孩子覺得自己受到珍視就能抵銷負面感受。

這個訊息也讓我們很高興「自己在這兒」,它使我們對自己的實體存在及住在這具身軀裡的狀態感到舒適自如。

☑ 我看見你。

母親主要藉由準確的鏡像同理(請見「母親是鏡子」 P049)傳達「我看見你」,並且調整回應。

比如說,母親知道我們喜歡什麼、不喜歡什麼,她知道我們會對什麼產生興趣,也知道我們對事物的感受。母親看見我們,意味著她了解我們。

孩子偶爾感受到不被渴望沒有太大關係,經常讓孩子覺得自己受到珍視就能抵銷負面感受。

☑ **你對我來說很特別。**

「你對我來說很特別」（通常會直接說出口）讓我們知道自己受到珍視。跟其他訊息一樣，這則訊息需要搭配真正被人理解的感受，以免這份「特別」淪為膚淺的空話或表象。

☑ **我尊重你。**

支持孩子的獨特性、非必要不會出手控制、接受孩子的喜好與決定、傳達她重視孩子的本質……這些都是母親在表達「我尊重你」。真正感受到尊重與愛的孩子，會被允許探索和表達獨一無二的自我，而不是一味迎合父母或遵循父母提供的藍圖。

☑ **我愛你。**

「我愛你」簡單三個字，經常被大家掛在嘴上，但這句話必須是真誠的體驗才有意義。很多孩子每天都會聽到這句話很多次，有些孩子則是一輩子從未聽過，但不論如何，這句話不能淪為工具，也不能淪為交換條件。

非語言的溝通或許最能夠傳達愛，例如撫觸、語調、眼神與表情、肢體語言、全神關注等等。此外，環境假使能提供護持與包圍（例如界線與規則）的安全感，也會讓人感覺到被愛。

☑ **我重視你的需求。你可以向我求助。**

「我重視你的需求」表達的是一種以你為優先的感覺，這表示母親不是在表達「我照顧你，是因為我必須照顧你」或「先等一下」，而是「因為這真的很重要」；這個訊息使我們明白母親的專注來自愛與真心的關懷。「你可以向我求助」則意味著允許，意思是你不需要隱藏自己的需求，也不必靠自己滿足需求。

☑ **你需要我時，我一定在。我會為你挪出時間。**

「你需要我時，我一定在」意味著「你可以依賴我。我不會臨陣脫逃」。這通常與特定需求有關，但更深層的意義是「我是你生命中恆常的存在」──這有助於促進放鬆和增加信賴。

「我會為你挪出時間」也是類似的訊息，表達的是優先與重視、不會置之不理。遺憾的是，有太多孩子認為父母沒空理會自己。

☑ **我會保護你。**

「我會保護你」也可以換成「我不會讓你遭受（不必要的）傷害和打擊」。

有了安全感，孩子才能夠放鬆地去探索；少了安全感，我們可能永遠無法做好闖蕩世界的心理準備。少了照顧者的保護，我們唯一的防衛是盡量限縮自己，並在我們的人格中建立起防衛機制。

☑ **在我身邊，你可以放輕鬆。**

「在我身邊，你可以放輕鬆。」這句話有多重意涵。

首先，這意味著「我身邊」是一個受到保護的空間，一個人如果必須保持警戒，就無法放鬆；這句話還意味著不離不棄（母親必須在你身邊，讓你依靠）和接納；同時，這也是「有我在，你可以像在家那樣徹底放鬆」的一種表達，我們都想要一個能讓我們完全做自己、不必虛偽造作的空間，跟對方在一起能感覺受到撫慰。

☑ **你使我開心。**

「你使我開心」能讓孩子確定自己受到珍視，它告訴孩子：「你就是喜悅。」「有你在身邊，我很快樂。」當母親一看見我們就眼神發亮，當她揚起笑容、發出笑聲，都是在傳達這個訊息。

少了「好母親訊息」會怎麼樣？

假使少了這些「好母親訊息」，我們心中會出現缺口，或是感到匱乏。同樣用前面這十句話舉例如下：

☐ **我很高興你在這兒。**

當我們覺得自己不被歡迎、不被渴望時，我們可能會因此認為：「或許這個世界上沒有我會比較好。」這也會導致我們對於可能遭到遺棄產生巨大的恐懼。

有位女性小時候從未感受到自己被渴望，她每次跟母親一起去餐廳或去自助洗衣店，都很怕母親會把她丟下，再也不回來接她。少了被渴望的感受，年幼的孩子會患得患失。

☐ **我看見你。**

如果母親不看我們或不了解我們，她將無法做出正確的回應。比如說，她嘗試指引我們，卻連起點在哪裡都搞錯。

經常不被看見可能會降低自我的存在感，使我們懷疑自己是否真實存在。這種不真實的感覺可能很微妙，而我們通常意識不到；但也有可能無處不在，令人失去方向。

☐ **你對我來說很特別。**

感受不到自己對父母來說很特別，就不會覺得自己的存在受到珍視，我們甚至會這麼想：「說不定媽媽寧願別人來當她的孩子。」

☐ **我尊重你。**

如果我們感覺不到自己的能力、界線和喜好受到尊重，就學不會

少了被渴望的感受，年幼的孩子會患得患失。

去尊重自己的能力、界線與喜好。我們可能會覺得自己毫無價值、很可恥，或是無法發揮自己真正的潛能，這可能進一步會導致我們太過遷就他人，不懂得堅守立場。

☐ **我愛你。**

缺少足夠的關愛，我們或許會認為「我不值得被愛」，而這可能會致使我們懷著「只要順從別人的意願，說不定他們就會愛我」的錯誤希望，進而扭曲了自我。

☐ **我重視你的需求。**

若感受不到母親想要滿足我們的需求，我們可能會以為：「我的需求很可恥，或是很沉重。我不應該有需求。」

☐ **你需要我時，我一定在。**

感受不到母親時時都在，我們會覺得很孤獨，進而產生「我必須靠自己長大」的感覺。

☐ **我會保護你。**

少了被保護的感覺，我們可能會覺得生命讓人不知所措，認為世界是個危險的地方。

☐ **在我身邊，你可以放輕鬆。**

如果在母親身旁的時候不能安心做自己，我們會失去重要的情感連結。

如果跟母親相處時必須隨時保持警戒或努力表現，就無法真正地感到安心自在。

□ **你使我開心。**

如果感受不到母親的喜愛，我們可能會認為：「我是個負擔，沒人要我。我希望自己能夠消失。我不應該佔據這麼多空間。」我們會把自己縮小，學著隱藏自己的光芒。

以下練習跟本書裡所有的練習一樣，可能會引發不舒服的感覺，請允許自己慢慢來。如果你發現自己承受不了，可以暫時停下，準備好了再回來練習，或是請信任的人陪你一起練習。

你從母親那裡接收到的，是什麼樣的訊息？

- 仔細看看這十個好母親訊息，為每一個訊息寫下你自己的回應。這個訊息是不是感覺很熟悉（別忘了傳達訊息的是行為，不是言語）？你接收到的是這個訊息嗎？你的身體有什麼感覺？
- 比較一下十個好母親訊息的前後描述內容，看看哪一邊比較符合你的情況，盡量專注觀察你的想法、感覺與身體的感受。

欠缺母愛意味著什麼？

欠缺母愛指的是來自母親的支援不夠多，包括前面說明的好母親訊息、第二章描述的母親的各種功能、第三章介紹的安全型依附，以及第四章提到的關愛撫觸、愛與其他基礎要素。雖然母親給你的支援足夠讓你維持生存，卻不足以幫你奠定基礎，以培養健康的自信心、積極的心態、恢復力、信任感、健康的權益觀念、自尊心，以及面對充滿挑戰的世界時不可或缺的諸多特質。

你愈清楚知道自己在哪些方面欠缺來自母親的支援，就愈能夠主動彌補缺口。接下來，讓我們一起探索母愛的缺口。

② 好母親原型
認識好母親的多重樣貌

你可能會懷疑,一個人怎麼可能處理這麼多重要的、看似無窮盡的任務。當然,沒人能做到盡善盡美……

在嬰兒感知的世界裡(尤其是藉由視覺),同一樣東西能為他們帶來多重體驗,而且每一段體驗都很獨特、互不相同,以至於從嬰兒的觀點來看,這些體驗彷彿來自不一樣的東西。我們可以用這樣的嬰兒視角來描述好母親的形象,將之切分為不同的體驗,我稱之為「好母親的多重樣貌」。

每一個「樣貌」都代表母親的一個角色,或是一個對孩子發展有重要影響的心理功能。

看完這一章之後,你可能會懷疑,一個人怎麼可能處理這麼多重要的、看似無窮盡的任務,當然,沒人能做到盡善盡美,因此我們的好母親形象只是一種理想或模範。藉由反思你的母親如何發揮這些心理功能,你會更加了解她在你的心靈留下什麼樣的影響,進而對自己的感受、信念和行為有更清晰的認識,你會知道為什麼自己內在的某些部分可能需要更多支持。

你也會注意到，這些功能有不少是互相重疊的，有時硬要將它們分開似乎沒什麼道理，它們會攜手發揮神奇作用，創造出深具影響力的好母親原型。以這種方式剖析好母親，也許只能揭開她一小部分的神祕面紗，但如果這能夠幫助我們看清自己的需求，並且認真滿足這些需求，或許這麼做就會是值得的。

請記住，雖然我討論的是母親的功能，但是任何照顧者都能發揮這些功能，不一定非得是親生母親不可。父親、祖父母、保姆、托育人員、親戚，甚至是長大後才出現的母親角色，都能提供這些重要的養分。

母親的十種面貌如下：

- 母親是源頭。
- 母親是依附之地。
- 母親是第一線救難人員。
- 母親是調節器。
- 母親是養育者。
- 母親是鏡子。
- 母親是啦啦隊。
- 母親是人生導師。
- 母親是保護者。
- 母親是基地。

母親是源頭

「母親」是我們的發源地，是製造我們的原料。

神話和宗教經常把這個源頭描繪成母神（女性造物者；宇宙中的撫育

力量），通常是海洋女神。正如生命演化自海洋，人類生命演化自母親──更具體的說，是母親的子宮，因此，神話與世俗觀念都將母親視為生命的源頭。

當孩子從母親身上獲得正面經驗，他會感受到「我屬於媽媽，我來自媽媽，我是媽媽的一部分，我很像媽媽」，這將會成為<u>建立身分的基石</u>。

可惜的是，並不是每個人都能從母親身上獲得「母親是源頭」的正面經驗。

在以催眠回溯年齡或其他深層治療的過程中，有些成年人會恢復自己在子宮裡的記憶──那是一個有毒的環境，而他們受困其中。雖然他們強烈感受到自己「屬於」這裡，但那是一種黏膩噁心的感覺，讓人只想快點擺脫。

這種感受不限於被母親忽視的孩子，如果孩子的母親控制欲很強的話，他們也會有這種感覺，他們沒有從母親身上獲得正面經驗。

對被領養的孩子來說，他們（至少在主觀上）被源頭遺棄。他們面對的情況比較複雜，既屬於賦予生命的第一位母親，卻也同時不屬於她，因為他們不再「繼續」屬於她。有時對他們來說，要對養母產生堅定的歸屬感並不容易。

歸屬感至關重要，而「母親是源頭」只是歸屬感的一部分，後面的「母親是依附之地」將說明歸屬感的作用 P043 。

雖然這並不是母親能夠全然掌控的事，但她可以透過某些行為給孩子正面的源頭感受。她可以從生命起始的那一刻起，創造一個溫馨的環境；她可以成為正面的能量，使孩子渴望留在她身旁，獲得她的滋養；她可以強調她與孩子的相似之處，同時謹慎地給孩子充足的空間，讓他們做不一樣的自己；她可以成為正面的典範，使孩子一輩子以母親為榮。

> **母親是你的源頭嗎？**
> - 當你想到母親的子宮，你感覺那是一個吸引你的地方嗎？如果你想像不出母親的子宮，那就問問自己：沉浸在母親的能量裡是什麼感覺？是你喜歡的感覺嗎？
> - 你想不想變得像母親一樣？還是跟她愈不像愈好？（或是中間值？）聽到別人說「你跟你母親超像」時，你有什麼感覺？
> - 你能否想像因為身為你母親的孩子而感到自豪？你是否在你和母親的關係裡找到認同感？

母親是依附之地

母親是我們跟世界的第一個連結。這裡要討論的不再是母親是源頭，而是一個我們緊密依附的地方，如同藤壺（一種節肢動物）緊緊吸附在船身底部——母親是船，而孩子牢牢依附在她身上。

觀察依附母親的幼兒時通常會發現：他們跟母親有頻繁的肢體接觸；他們會爬到母親身上，拉扯、吸吮、擁抱母親的身體；年紀稍大的孩子也會在感到害怕時握住母親的手。後面將說明依附的產生不僅來自肢體，也會來自母親對孩子需求的理解和回應 P044 。依附非常重要，因此我會在第三章專門討論依附這個議題。

依附會使幼兒覺得：「我屬於你，因為我屬於你，所以我有容身之地。」少了這種依附，我們會彷彿失根的浮萍，無依無靠地漂進成年歲月。

有位女性覺得自己像海上的漂流木；另一位女性跟母親之間的連結薄弱到讓她懷疑，母親當初可能是在一片甘藍菜葉底下撿到她的（或者是其他類似的地方）……這可能會帶來一種深刻的孤獨、疏離和無所依歸的感受。

安全型依附會讓孩子覺得自己被緊緊抱住，很安心。這種功能與「母親是第一線救難人員」重疊，因為回應需求是形成依附的主因。

> **母親是你的依附之地嗎？**
> - 一到十分（十分的連結程度最高），你和母親的情感連結是幾分？
> - 從小到大，你們的情感連結有怎樣的變化？
> - 你小時候跟母親有過怎樣的肢體接觸？你會在她身上爬來爬去嗎？還是她老是給你一種「避開」的感覺呢？
> - 你小時候明顯感受到自己屬於這個家嗎？你有歸屬感嗎？還是像失根的浮萍呢？
> - 你曾經覺得自己像孤兒或沒有母親的孩子嗎？

母親是第一線救難人員

母親之所以能成為依附之地，是因為她發揮了一個非常重要的作用——率先回應需求。在現代社會裡，率先回應需求的是消防員、警察這些第一線救難人員，所以在發生緊急事件時，你會想到要向他們求救。想像一下：你家失火了卻沒有人來救援會如何？如果你相信在你需要時一定會有人來幫助你，這會對你產生什麼影響？

嬰兒覺得自己的每一個需求都很急迫，無異於緊急事件，這一點已有許多作者立論闡述。嬰兒無法靠自己滿足生活的基本需求，因而全方位仰賴他人回應求援的呼叫。

當這樣的需求穩定獲得滿足，我們會有安全感與信任感，因為援助唾手可得，情況若是反過來，我們就會認為自己得不到照顧，這個世界對我們不友善、也不支持我們，我們會因此感到不安、多疑。不知道自己的需求能否得到滿足，會破壞孩子的基本信任感。

與「母親是第一線救難人員」這個功能相關的好母親訊息是：「我會照顧你。我重視你的需求。」 P035 「在我身邊，你可以放輕鬆。」 P036 要發揮此功能，母親得正確理解自己的孩子。消防員或警察如果搞錯了地址、你需要庇護卻給你食物或堅持提供你不想要的東西，對你來說就沒有任何幫助。

在心理學上，我們稱這種準確的理解為「同頻」，率先回應需求的母親與孩子的需求同頻，才能真正提供幫助——尤其是在孩子還不會說話的階段。

同頻與回應需求能提供孩子一個我們所謂的「護持環境」。護持環境使人感受到保護與支持，這個功能也會帶來自我調節（將在「母親是調節器」中詳述 P046 ）。

母親是你的第一線救難人員嗎？

- 你可能很難回憶在襁褓期與幼兒期的時候，母親如何回應你的需求，不過有個線索能告訴我們答案：現在的你對於自己的需求有何感受？你是否尊重並關注自己的需求？還是以需求為恥，想把它們隱藏起來呢？或者你是一個霸道的人？除非有多個意義重大的銘印經驗提供不一樣的參考點，否則，你如何回應自己的需求，極有可能就是母親回應你的方式。

- 說到母親如何回應你的需求，你能提供什麼資訊？你聽說過哪些故事？有沒有照片？

- 除了你幼年時的經驗，你的母親回應別人的需求時通常是什麼樣子？她會主動立即回應嗎？覺得很煩？不太擅長？慷慨大方？別人必須拜託她很多次？她是否並未釐清對方真正的需求是什麼，只是自以為已經滿足對方的需求？

率先回應需求的母親與孩子的需求同頻，才能真正提供幫助。

母親是調節器

「母親是調節器」與「母親是第一線救難人員」P044 密切的相關。不過，好比把一幅畫稍微傾斜一點、另外起個名字，就能用全新的視角觀賞一樣，我們也能從另一個視角理解母親的面貌。

母親率先回應需求，問題就不會蔓延失控。舉例來說，寶寶的飢餓獲得滿足後，就能回到體內平衡狀態，恢復平靜；相反的，若是飢餓一直沒有獲得滿足，這種不適會變得難以忍受。

調節的目的是把程度調整到不太強也不太弱，維持在較為理想的範圍內。母親藉由滿足孩子的飢餓與冷熱等特定需求，來協助管理孩子的生理狀態。然而，我們治療師在討論到調節時，則大多與情緒有關。少了母親做為有效的調節器，我們就無法學會有效管理自己的情緒，若不是導致我們切斷情緒，就是讓我們變得容易情緒失控——生氣演變成暴怒，哭泣演變成歇斯底里，我們克制不了興奮、沮喪、性欲衝動等種種情緒。

學會調節自己的內在狀態叫做自我調節，自我調節主要由神經系統控制，但在最開始，其實是由母親暫代發育中的神經系統，並且在孩子被需求淹沒之前滿足孩子的各種需求。孩子脆弱的神經系統尚未發育完全，所以母親發揮調節作用，扮演神經系統的後盾。

母親可以透過數種方式發揮調節這項功能，例如安撫悲傷的孩子（撫觸、言語或單純表達關懷）；幫助孩子辨識自己的需求與情緒；幫助孩子把注意力從難過的原因移開，以此調節情緒；消除孩子的擔憂。有位女性一輩子飽受焦慮之苦，她向我坦言，母親從未對她說過：「不會有事的。」她的母親從來沒有安撫過她，也未曾幫助她提振心情，讓她感覺好一點。

充分發揮調節作用的母親，會協助我們把情緒經驗從負面轉換成

正面。其中一種方式是先對我們的經驗感同身受，再帶領我們走進更舒適的狀態，她為我們示範如何放下某種情緒，再拾起另一種情緒，並且用屬於她的爽朗態度讓我們看見更光明的選擇。當一位母親用悲傷的表情安慰哭泣的孩子，接著馬上又能把孩子逗得哈哈大笑，這就是一種調節。

在更細微的方面，母親會透過邊緣共振（limbic resonance）或邊緣調節（limbic regulation）來控制孩子的悲傷。

邊緣調節指的是一個人的情感腦帶動另一個人的情感腦（又稱邊緣腦，為腦部處理情緒、記憶的中樞），使後者的情感腦與前者達成一致；哺乳動物都具備這項能力，據信母親能直接調節嬰兒與幼兒的內在狀態，正是因為這個緣故。母親只要凝視孩子的眼睛，她的大腦就能與孩子的大腦直接溝通，使孩子的邊緣系統與她自己的邊緣系統步調一致（當母親處於正面的、平衡的狀態，這個方法很有用；若母親自己煩躁不安，那就是另一回事了）。

童年經歷過所謂複雜創傷（complex trauma）的人，經常欠缺調節生理激發（physiological arousal，指非運動引起的冒汗、呼吸困難、心跳改變、疼痛、發抖……等）的能力——例如情感上被父母忽視和遭受父母虐待的孩子。欠缺調節能力的人在受到刺激時，可能會難過到無法清晰思考，或是無法充分感受當下，就好像他們的系統少了一個調節器，幫助他們把生理與情感的反應維持在可以控制的範圍或最佳範圍內。雖然我們長大後可以學習自我調節，但母親若能提早幫我們掌握這項關鍵技巧，我們就可以少受很多苦。

你的母親是調節器嗎？

- 在襁褓期的時候，母親如何回應你的需求？她回應的頻率有多高？她同時照顧幾個孩子？她是否情緒低落或心不在焉？

- 母親的育兒觀念從何而來？建議父母「放著寶寶哭」（此指像「百歲醫生」那樣讓寶寶哭一段時間的睡眠訓練法）的觀念有沒有影響到她？
- 你是否記得母親在你感到痛苦時為你提供安全感與撫慰？她有沒有陪著你度過艱難時刻？
- 你的母親是否擅長調節她自己的生理需求，例如飢餓、口渴、睡眠、撫觸等等？她能否調節自己的情緒，在徹底體會情緒的同時將情緒維持在適當的範圍內？
- 你的母親很能理解你的情緒狀態嗎？她是否關心你的情緒狀態？她有沒有教你如何以有用的方式管理情緒，而不是一味壓抑？她有沒有示範如何健康表達情緒？

母親是養育者

　　提供養分，是好母親原型的關鍵要素。身為養育者，母親提供生理養分，也提供情感養分，兩種養分經常伴隨出現，例如餵母乳的時候，母親除了餵寶寶來自身體的養分，也提供她的愛，兩者都是寶寶生存與茁壯的必需品。

　　孩子似乎天生就能判斷情感養分的真實（可提供滋養）和虛假。母親可以假裝自己非常疼愛孩子、關心孩子，甚至因而獲得世人的肯定，但媽媽的愛如果不真誠，孩子就會覺得靈魂破了一個洞。無論母親發表再多的母愛宣言，提供再無微不至的照顧，只要不是真心的接觸與關愛，孩子就感受不到來自母親的養分。

　　孩子使用的第一種語言是觸摸，嬰兒能從母親的抱抱和肢體接觸中接收到很多訊息，在孩子的成長過程中，母親的觸摸亦將持續傳遞訊息。她的觸摸傳遞的是真心關愛，還是單純的完成任務？

　　與這個功能有關的主要訊息是：「我愛你。」 P035 這樣的訊息

對自尊心的培養至關重要，接收到這個訊息，孩子會認為：「媽媽愛我，所以我很重要。」

> **母親是你的養育者嗎？**
> - 你小時候有感受到母親的愛嗎？有沒有具體的回憶能支持你的答案？
> - 成年後的你，對這件事有什麼樣的理解？也許你知道她確實很愛你，只是嚴重缺乏表達能力；或者她就是欠缺愛的能力；說不定你會發現問題是你自己無法接收愛的訊息。
> - 一到十分（十分是最多養分），母親給你多少養分？她如何為其他人提供養分？

母親是鏡子

如鏡子般讓人看見自己，是母親的重要功能之一，孩子會因而感到被理解，並進一步理解自己。

鏡像同理涵蓋口語和非口語，而且有程度之分。

第一個程度是孩子感受到被接觸、被看見。孩子覺得自己被看見，就能夠體認自己是一個正在發展的人；如果孩子覺得自己像個隱形人、沒有被看見的話，就會缺乏完整的真實感。鏡像同理最主要的訊息是：「我看見你，你是真實的存在。」 P034

心理學與其他人類發展的研究指出，<u>孩子身上獲得認可的特質會持續發展，沒有獲得認可的特質通常會逐漸消失</u>。想一想孩子學習語言的過程：語言學家發現，孩子一開始會使用各種語言的發音，但是只有符合父母語言的發音會被強化，其他發音漸漸離開孩子的詞彙範圍。同樣地，沒有被認可的情緒、行為，以及沒有被認可或支持的特質，最後會停止發展或轉趨地下化。

口語表達鏡像同理可以用「你真的很生氣」或「你現在很難過」之類的句子，這不只能幫助孩子確認自己的感受，也能讓各年齡層的人都感受到關心。這種作用不限於感受，你也可以鏡像同理對方的個人特質，例如：「你真漂亮！」「天啊，你真聰明！」

　　然而，在孩子會說話之前，鏡像同理通常以肢體表達為主，例如模仿孩子的表情：孩子笑，你也跟著一起笑，孩子皺眉，你也跟著一起皺眉……以此類推。年紀這麼小的寶寶還不會反思自我或感受自我，他需要一面鏡子讓他看見自己。

　　「我看見你」傳達的基本訊息會受到語調影響，既可以是「我看見你，你很好」，也可以是「我看見你，你很糟」；前者是一面欣賞的鏡子，後者是一面羞辱的鏡子。欣賞的鏡子幫助我們抬頭挺胸，覺得自己很棒，我們存在得理直氣壯；這種正面的鏡像同理對自我價值感影響至深──（真心誠意）欣賞的鏡子有助於培養自尊心。

　　想要真正感受到被看見，我們需要準確的鏡像。扭曲的鏡像會帶來幾種結果：其中一種是迎合他人對你的看法，比如「你腦袋比較遲鈍」或「你老愛製造麻煩」；另一種是不斷嘗試去獲得正確的鏡像，有些孩子與成年人會因為沒有被正確地看見而惱怒，於是費盡心力想要被人理解；還有人會乾脆放棄被正確看見，當個隱形人。欣賞的鏡子威力強大，但搭配扭曲的鏡像仍是無用，沒有任何好處。

　　「母親是鏡子」的進階版是母親發揮指南針的功能，母親深刻了解你，會在你沒有誠實對待自己時提醒你，「這不是真正的你。」小時候，我們在了解自己的過程中嘗試各種裝束，這時如果有個了解我們的人在適當時間告訴我們「親愛的，這件衣服不太適合你」，通常會很有幫助。我用指南針這個詞，是因為扮演這個角色的母親讓我們看見自己偏離了方向，而且她似乎知道我們的「真北」在哪裡。

　　鏡像同理很重要，缺乏鏡像同理的人通常會一輩子渴求它。

欣賞的鏡子幫助我們抬頭挺胸，覺得自己很棒，我們存在得理直氣壯；這種正面的鏡像同理對自我價值感影響至深。

> **母親是能讓你看見自己的鏡子嗎？**
> - 你的母親是否看見真正的你？是什麼給你這種印象？
> - 在母親的非口語回應當中，你記得最清楚的是什麼（語調也包括在內）？這些回應傳達了什麼訊息？
> - 她是否擅長藉由口語表達回應你的感受和需求？如果不擅長，你知道是為什麼嗎？
> - 鏡像同理的哪些方面她做得很好，哪些方面做得不好（比如說，她認可你的聰明，卻不認可你的感受）？
> - 她對你是否了解得夠深，看得出你沒有誠實面對自己的本質，能當你的指南針？

母親是啦啦隊

扮演啦啦隊的母親提供的是鼓勵。這跟欣賞的鏡子有點相似，只是啦啦隊更積極鼓勵、讚美和支持孩子，它所傳遞的訊息是：「你做得到！我知道你可以。我挺你。」

在孩子處於探索階段的時候（一歲半到三歲），這種支持和鼓勵非常重要——我們不只需要支持，更需要積極的陪伴。暢銷書《滋潤的愛》的兩位作者漢瑞克斯（Harville Hendrix）與杭特（Helen Hunt）對好母親有以下描述：

「她不斷散發溫暖，而且隨時都在，給予孩子足夠的時間，讓他們有機會滿足與分享自己的好奇心。她讚賞孩子的成功，也為孩子的新發現喝采。她為孩子創造更多單靠自己無法發掘的探索機會，並且努力讓這些探索充滿樂趣與歡笑。」

啦啦隊的訊息也可以是「我陪著你」或「我就在這裡」，當我們搖搖晃晃地探索這個世界時，這樣的訊息很有幫助。

人生的各個階段都需要啦啦隊，尤其是在面對艱鉅任務的時候。當我們的能力不足以應付任務所需的時候，如果母親在扮演人生導師 P053 的同時也能當啦啦隊，鼓勵的效果尤其顯著。

對母親來說，當啦啦隊可能並不容易，原因如下：

- 她可能本身就欠缺母愛與支持，以至於她根本不知道該如何扮演啦啦隊的角色。
- 她可能比較在意她自己需要支持。
- 她可能察覺不到孩子的需求。
- 孩子的成就與自主性升高，可能會給她帶來威脅感。
- 她可能太煩躁或太憂鬱，所以沒有心力扮演啦啦隊。

鼓勵必須量身打造，也必須切合實際。如果只有鼓勵卻沒有足夠的支持，或是搭配不切實際的期待，孩子或許會覺得被逼迫；相反地，讚美孩子早已擅長的事情可能會給孩子一種敷衍的感覺，彷彿母親並不在意我，也不了解我的能力。

如果母親因為我們的成就小或平凡而不為我們歡呼，我們可能會覺得她不在乎我們，或者覺得自己必須完成特別的事（無論好壞）才能獲得母親的關注。

你的母親是啦啦隊嗎？

- 你小時候是否認為母親隨時都在，支持你探索世界？
- 你的母親如何對你的成就表達熱情支持？
- 你是否相信母親對你有信心（你或許感受得到她相信你的能力，只是沒有像啦啦隊一樣大聲歡呼）？
- 你是否有過需要更多鼓勵的時候？你希望聽到母親怎麼說？

母親是人生導師

想像一下：當一個四歲或五歲的孩子被大人抱上腳踏車之後，大人隨即離開，他會多麼害怕？

事實上，扮演人生導師的母親，就像是腳踏車的輔助輪，在我們學騎腳踏車的時候，提供支持、協助我們保持穩定，以免我們摔得鼻青臉腫。

我們現在所討論到的功能是支持與引導，這是一種經過校正的協助。我們也可以說母親是老師或嚮導，但有的時候母親的任務是以身作則，親身示範怎麼騎腳踏車。

發展心理學家兼作家路易絲‧卡普蘭（Louise Kaplan）將這個角色比喻成舞臺工作人員。舞臺工作人員提供幕後協助，幫助表演者在幕前順利演出。

做為人生導師，母親提供足夠的支持與引導，幫助我們發展各種能力。母親所扮演的老師不是單一科目的老師，而是教授範圍更廣的綜合課程的老師，她輔導孩子穩健地立足於世——她教導孩子如何與人相處、如何做決定，以及如何管理時間、承擔責任、追尋目標。

在這層意義上，母親可以說是我們人生中的第一個「生活技能教練」，這些能力每一個都很重要，而每一位女性在教導這些能力時都各有所長。

每位母親除了在不同人生的領域各有千秋之外，教學技巧也各不相同，可以是助力，也可以是阻力。她是否口才流利，能用口語傳授技巧？或是只能透過身教？她的說明是否清楚，並且符合孩子的需求與程度？好的人生導師不會只希望別人自己觀察學習，她會積極幫助對方，她會充分了解對方，觀察他們需要學習哪些技巧，並且發揮耐心教導。

我們都知道，提供協助時，過猶不及都不好。當協助過了頭，等於你取而代之，剝奪了對方的學習機會；如果協助不夠，對方會感到無所適從、孤單無依。協助應根據對方的需求去調整校正，以育兒來說，通常指的是<u>年齡上的適切性</u>；你協助孩子做作業，或是在孩子需要某種支援時幫他打電話給老師，這是一回事，然而，假使孩子已經成年，你認為他工作負擔太重就打電話給他的上司，這就完全是另一回事了。

　　好母親的引導，會尊重孩子能力的侷限，而不是把焦點放在孩子的能力限制上，除此之外，她也不會拿出一副孩子應該超越他人的態度──有技巧的引導才會讓人如沐春風，孩子需要的並不是方方面面的掌控。

　　關於母親扮演人生導師的角色，我想再加一個條件：<u>了解孩子的發展需求與能力</u>。那些對孩子最嚴厲、最常使用懲罰的為人父母者裡，有很多都對孩子抱持過度期待，認為孩子是倔強、講不聽，比方說當孩子欠缺精細的動作協調性，那麼他端起杯子喝牛奶時就很難不灑出來，並不是他明知故犯。

　　好的人生導師須具備以下的條件：

- 本身的技巧已發展完備。
- 有能力將學習的任務切分成數個步驟，用清楚的口語指示與／或示範教導每個步驟。
- 正確理解對方的需求。
- 付出時間與耐心。

　　這個角色與「母親是啦啦隊」 P051 高度重合：每個人在學習時都需要鼓勵與正面強化。

有技巧的引導才會讓人如沐春風，孩子需要的不是方方面面的掌控。

母親是你的人生導師嗎？

- 母親在哪些方面對你的指導最為投入？
  - 人際相處
  - 說話與表達自己的經驗
  - 了解和管理感受
  - 梳理打扮，妝點外貌
  - 使用器物、工具、技術
  - 尊重他人（「禮儀」）
  - 各種社交技巧
  - 宗教或心靈教育
  - 學業
  - 責任感
  - 運動或體能
  - 有益健康的習慣
  - 藝術與工藝
  - 家務
  - 批判性思考
  - 堅定自信，為自己挺身而出
  - 處理失望與挫折

- 你在哪些方面沒有獲得足夠的指導？
- 母親提供的協助是否符合你的需求呢？她的協助是否過多？或者是否太少？
- 母親的協助表達了什麼樣的態度？（比方說，強調你是哥哥／弟弟；你很重要，她想幫助你；你雖然需要協助，但依然值得尊重；你學得很慢／很快；她喜歡教導你……）

母親是保護者

　　母親保護孩子的方式，會隨著孩子的發展階段而有所不同，最初是提供安全的封閉環境；子宮是第一個封閉環境，第二個封閉環境是共生的（未分化的）親子關係。在封閉環境裡，孩子不會感到孤獨，母親的存在，以及她對孩子的感受，都是封閉環境的一部分——這個封閉環境必須提供安全感。

　　與母親分離會有危險，最好的情況是由母親提供保護。年幼的孩子經常認為母親是無所不能的，她能粉碎黑暗，也能趕走吵鬧的孩童與吠叫的狗狗，假使母親能持續為孩子驅除侵擾的、令人受不了的刺激物，孩子就會感覺到安心，接著，母親就會慢慢從安全的封閉環境化身為保護小熊的熊媽媽。

　　隨著孩子逐漸成長，雖然他的自主性愈來愈高、行動與探索的自由也愈來愈多，但母親仍然不會距離孩子太遠，而且一旦發現危險的跡象，她就會極力為孩子提供保護。這個功能的訊息是：「我會保護你。」 P036

　　當孩子再大一些，他會進入有既定規則與界線的世界，這些規則與界線猶如隱形藩籬，目的是保護孩子不受傷害。如果沒有提供孩子能接受的規則，或是孩子因為抗拒父母的控制而抗拒規則，那麼孩子將形同遭到放逐，因為他們通常沒有足夠的判斷力來保護自己。為了充分發揮保護者的作用，母親必須教導孩子認識界線與自我保護。

　　當然，母親有可能會過度保護，例如沒有給孩子足夠的空間去體驗世界；也可能母親提供保護的方式傳達出她並不相信孩子的能力，或是她自己不相信這個世界……

　　因此，判斷母親是不是稱職的保護者，不能簡化到她「有沒有」提供保護，也必須包括她「如何」提供保護。

> 判斷母親是不是稱職的保護者，不能簡化到她「有沒有」提供保護，也必須包括她「如何」提供保護。

> **母親是你的保護者嗎？**
> ■ 當你想像母親是安全的封閉環境時，你有什麼感受？
> ■ 在你碰到哪些挫折與危險時，母親沒有提供適當的保護？
> ■ 你能否說出母親保護你的方式？
> ■ 母親有沒有告訴你要保護自己？那是在什麼樣的情況下？
> ■ 哪些與自我保護有關的事是你希望母親當初能教你但她卻沒教的？
> ■ 母親保護你的方式，會讓你感到如沐春風或難以呼吸？你是否感受到關愛？

母親是基地

「母親是基地」這個角色的訊息是：「我在這裡支持你。」

當一個孩子真正的接收到這個訊息，即便已經長大成人，他仍會將母親當成一個自己可以回去充電、獲得撫慰與支持的地方，也就是說，當他覺得被世界擊垮了、當他的婚姻分崩離析、當他感到受傷的時候，他永遠可以回到母親身邊。

這跟一個叫做「復合期」的發展階段很相似，這個階段的孩子初次離開母親去探索世界，之後，他會一次次離開又一次次回到母親身邊，進行心理上的充電。

母親是我們人生當中的第一個基地，往後的人際關係以及我們對「家」的認定將取代（或部分取代）這個角色，例如社區、國家、地方等等。

假使母親並非隨時都在、只關心她自己或沒有把注意力放在孩子身上、情緒不穩定，或是無法理解孩子的情緒，孩子就不會把母親當成基地；「母親的大腿」也就不存在（母親的大腿對每個孩子來說都是個很特別的地方）。進入成年期後，孩子可能會因此難以建構家的感覺。

> **母親是你的基地嗎?**
> ■ 小時候與長大之後,你或許都曾經尋求母親的協助。當時發生了什麼事呢?
> ■ 如果你覺得向母親求助很奇怪,觀察一下身體有什麼感覺、出現哪些自我保護的機制。你的內在聲音怎麼說?

　　本章所提到的這十種基本功能,只要缺少其中一種,我們的發展就會出現缺口,了解自己有哪些缺口,是慢慢填補缺口的第一步。我們稍後會討論如何修復特定缺口。

　　做完本章的練習,你的心情可能會有點低落。大部分欠缺母愛的人幾乎或完全沒看過好母親的這些面貌。請不要感到絕望!這些缺口是可以填補的——雖然可能不是由生養你的母親填補,但是我們成年後可以用其他方式體驗這十種好母親的功能。

3 依附是最初的基石
母嬰關係和聯結影響孩子的未來

雖然我們與母親的關係不是唯一影響我們腦部健康、心理健康和人際關係的因素，但它是最初的、對多數人來說也是最主要的影響因素。

我們人生的第一個人際關係任務，是與主要照顧者（通常是指母親）建立情感連結。這是生存的關鍵要素，因為寶寶完全仰賴他人來滿足自己的基本需求。

最常用來描述這種情感連結的詞是「依附」，如今關於依附的行為與「類型」已累積大量的研究，我們知道依附對腦部發展、心理健康和未來的人際關係都有顯著影響。

雖然孩子與母親的關係不是這一切的唯一影響因素，但它是最初的、對多數人來說也是最主要的影響因素。

幸運的是，我們也可以跟父親、祖父母、保姆、托育中心的工作人員及其他照顧者建立安全型依附，即使在成年之後，也能與發揮母親作用的人、治療師、朋友和伴侶建立安全型依附，進而獲得許多過去應該得到卻未曾得到過的益處。

依附的形成與安全型依附

依附開始於人生的第一段人際關係，也就是你與母親的關係。這段關係開始得很早，甚至早於出生之前，但可以確定的是，我們出生後的頭幾個小時、幾個星期、幾個月都會形塑這段關係。

出生時的情況可能對這段關係影響重大，包括父母對寶寶的到來準備得如何、渴望的程度，母親在生產前後的心理與情緒狀態，以及生產過程等等（研究顯示，剖腹產的母親需要花較長的時間才能對寶寶形成依附）——就連母親的荷爾蒙濃度也是影響因素，例如高濃度催產素會增進母親的依附行為……母親與孩子之間的依附性質，受到諸多因素的影響。

依附建立在同頻 P045 與照顧之上。在母嬰關係裡，依附的形成主要來自寶寶的需求（藉由所謂的「依附行為」表達），以及母親對這些需求的回應——母親回應與否、回應的穩定程度與性質，都是關鍵要素。

研究指出，依附不只來自立即滿足寶寶的生理需求，也來自這些互動的性質。寶寶與母親四目凝望時，兩人也在彼此傳遞訊息：一個笑容、一個鏡像動作，意識深處步調一致的共舞。

對鞏固依附來說，最重要的照顧者行為包括：

- 以即時、穩定、同頻的方式回應孩子的生理與情感需求。
- 在孩子想要親近母親時欣然接受，張開雙臂迎接孩子的親近，而不是轉身離開或冷漠以對——她必須展現出她也想親近孩子。
- 理解孩子的情緒狀態，並且對孩子感同身受。
- 看著孩子的時候，眼神有愛；有一位研究者指出，對負責社會行為的大腦區域來說，這是最重要的發展因素。

當我們知道，只要去找母親，所有的需求都會獲得滿足，感受也會得到理解與接受，那麼這段關係就能帶來安全感。雖然前文提過這會發生在年紀稍大的孩子身上，但其實這種模式在出生的第一年就已大致成形，只是這個時期的認知處於比較原始的階段 P044：寶寶哭泣時，只會覺得母親「在」或「不在」；寶寶有需求時，只會覺得母親「滿足了需求」或「沒有滿足需求」。

在心理學家艾瑞克・艾瑞克森（Erik Erikson）提出的社會心理發展模型中，基本信任感的「有」或「無」發展於出生後的第一年；當這個世界（基本上就是母親）穩定滿足我們的需求，我們就能發展出必要的信任感，並且認為世界是個安全的地方，這就是現在許多人所謂的安全型依附。

有大量的證據顯示，如果孩子能在一歲之前建構安全型依附並且沒有遭到破壞（例如孩子難以承受的失去、分離，或是不再感受到同頻），他應該就可以在童年期穩定感受到安全型依附。

依附為什麼重要？

依附形成的連結是孩子與依附對象之間的黏著劑，這對許多方面的發展都至關重要。

首先，依附當然會影響我們的自尊心，「有安全感的人認為自己很堅強、很有能力、很有價值、很可愛、很特別，因為他們依附的對象珍視、喜愛他們，認為他們很特別。」他們在每一種自尊心的評量上得分都比較高。

第二，安全型依附為我們提供所謂的「安全基礎」──你應該猜得出這是什麼意思：進入和探索世界所需要的安全感。如果沒有這種安全感，我們會不敢離巢，甚至不敢審視內在，進而導致發展受阻。

有大量的證據顯示，若能在一歲前建構安全型依附並且沒有遭到破壞，孩子應可在童年期穩定感受到安全型依附。

作家兼治療師蘇珊・安德森（Susan Anderson）描述了安全型依附如何幫助我們逐漸邁向獨立：

> 年幼的時候，你需要建立情感連結才能向前走。身為嬰兒，你需要仰賴母親來獲得必要的養育，因此，你的注意力幾乎只放在你和母親的關係上。開始學走路之後，母親成為背景裡的物品，因為你的發展與能力變得更加獨立……如果這樣的發展受到阻撓（例如媽媽必須長期住院），就可能會延誤孩子培養獨立的能力。

安德森表示，當人對依附的需求受到阻撓時，尋求依附就會變成首要需求；若是獲得滿足，這項需求就會融入背景。屬於安全型依附的孩童與成年人，不會執著於尋求他人的了解或支持，他們可以把焦點放在其他需求上。

除了為探索世界和應付其他任務提供安全基礎之外，依附也跟幾種長期影響有關：

研究發現安全型依附的孩童，展現出較高的情緒靈活性、社會功能與認知能力；他們擅長採取主動。到了中學階段，他們應付挫折與挑戰的能力比較好，當落後別人時，他們會加倍努力，而不會像缺乏安全感的孩子一樣信心崩潰。有安全感的孩子會變成適應良好的成年人，有能力建立安全型依附和調節情緒，對世界懷抱正面期待。

相比之下，有些研究發現無論是哪一種形態的非安全型依附，都可能與下列問題有關，包括情緒僵化、人際關係困難、注意力障礙、無法理解他人的心思，以及對壓力的忍受力較低——這是因為非安全型依附的人，會產生較不健康的壓力反應。

許多心理和生理疾病的患病機率都跟壓力反應有關。壓力反應由

一種叫做皮質醇的荷爾蒙調節，皮質醇濃度過高對非安全型依附的孩子相當不利：高濃度皮質醇與憂鬱、焦慮、自殺傾向、進食障礙和酗酒有關；皮質醇濃度過高還會損害大腦中負責讀取資訊與清晰思考的區域；此外，高濃度皮質醇據信會導致失眠。

有研究者研究了為安全型依附提供基礎的互動是如何影響腦部發展與腦部功能，他們發現，最常參與複雜社會行為的大腦區域（有時被稱為「社會腦」），對這些早期互動尤其敏感。雖然聽起來過度簡化，但負責重要社交能力與社會智力的社會腦，是由充滿關愛的同頻互動塑造出來的。

從神經元的生長到自尊心的培養，依附帶來的安全感都扮演舉足輕重的角色——有些人認為這是最關鍵的童年需求。

如何確認你是否屬於安全型依附？

你不可能確知嬰幼兒時期自己與母親的關係如何，但是有些重要的線索可供參考：

- 嬰幼兒時期的片段記憶。
- 當你想到嬰幼兒時期與母親的關係時，有什麼感受？
- 你從小到大的人際關係模式，尤其是與他人建立緊密連結的能力。

最後一個線索很複雜，所以得花點時間說明清楚。讓我們先探索一下你嬰幼兒時期與母親的關係：

- 你有沒有跟母親互動親密的記憶，例如她疼愛地抱著你？如果有，這些互動是例外還是常態？

> 雖然聽起來過度簡化，但負責重要社交能力與社會智力的社會腦，是由充滿關愛的同頻互動塑造出來的。

- 你有沒有在有需求時向母親求助的記憶？是怎樣的需求？這些童年記憶是否具有代表性？母親如何回應？
- 就你的記憶所及，或是依照你的感受反應，你想親近母親的時候，她是否欣然接受？
- 關於嬰幼兒時期的你，你曾聽過怎樣的描述？

你或許不太記得年幼時與母親的關係，但是感受與衝動可提供蛛絲馬跡，它們是過往互動留下的線索──雖然你的意識已經忘了這些互動。它們有些事要告訴你；如果可以，請仔細聆聽。

非安全型依附四大類型

非安全型依附的人並不少，研究顯示，約有三分之一的孩子屬於非安全型依附，而且這種情況會代代相傳，假使母親有憂鬱症，那麼比例甚至會升高到二分之一。

非安全型依附的「類型」有好幾種，相關領域的作者曾使用不同的名稱描述這些類型，難免引發混淆。在此我為每一種風格選擇了最容易記住也最貼切的名稱，並附上知名研究者使用過的其他名稱。

自給自足型

這種最常見的非安全型依附的類型有好幾個名稱：強迫自給自足型、逃避型、疏離型（用於成年人）。

當母親持續拒絕或不予回應，並且持續迴避交流的話（emotionally unavailable，即「情緒無能」），孩子會漸漸放棄，他會感受到在人際關係中表達需求是沒有用或很危險的，進而關閉自己的需求與依附感受──這就是自給自足型非安全依附的本質。

更具體地說，這種孩子屬於逃避型，他們的母親會有以下行為：

- 拒絕滿足嬰兒對依附的需求，拒絕嬰兒試圖建立依附的嘗試。
- 對依賴的信號感到不自在或厭惡。
- 討厭關愛的面對面接觸。
- 對擁抱與肢體接觸反感。
- 較少表達情緒。

母親抱著寶寶時沒有展現喜悅，久而久之寶寶就會收起想被擁抱的自然渴望，當這樣的寶寶被人抱著的時候，他們通常會全身癱軟、毫無反應，就如同一袋馬鈴薯那樣。

這些孩子「關閉了渴望」。當然，渴望是無法完全關閉的，你只是切斷了自己對渴望的覺察，你的渴望被放逐到無意識裡，維持非常原始的形態，而且被賦予一種強烈的迫切感。

處於這種情況的孩子，認為父母不想處理他們的需求與感受，因此學會隱藏情緒。抱起來像一袋馬鈴薯的嬰兒在成長到學齡期之後，如果母親問他今天在學校過得如何，他的回答會很簡短，也會跟母親保持距離。他不會向母親求助──即使母親想跟他建立情感連結，現在的他已經豎起戒備與高牆。

情感疏離是有代價的。假使照顧者沒有察覺並回應孩子的感受，孩子（包括成年之後）也會難以察覺跟表達自己的感受，此外，他們也不擅長細緻入微地理解他人的感受。不難想像，無法察覺和表達感受會對他們日後的親密關係造成阻礙，他們似乎比較封閉，與別人保持距離，然而，就跟關閉渴望一樣，他們的感受並不會消失，只不過是躲到意識底下去了。

這種依附類型的人關閉了依附需求，如同一位研究者所指出的，

假使照顧者沒有察覺並回應孩子的感受，孩子（包括成年之後）也會難以察覺跟表達自己的感受。

他們聽不見與依附相關的信號，他們也認為愈能自給自足愈好。他們在人際關係中的戒心較重，不允許他人太過靠近；讓別人靠近到足以產生依附的距離對他們來說很可怕，就算成年之後，這種狀況也依然存在，因為這個距離和他們在襁褓期完全仰賴他人卻遭到拒絕而承受的巨大痛苦太接近了。

癡迷型

非安全型依附的另一種表現方式包括我們傳統上認為的欠缺安全感的行為，例如緊迫盯人、需要對方再三保證、對親近感的渴望永無止境等等。這個非安全依附類型的主要恐懼是依附對象的離去，或可稱為被遺棄的恐懼——當然，自給自足型非安全依附者也害怕被遺棄，只是他們保護自己的方式是降低這段關係的重要性。

第二種非安全依附類型被稱為<u>焦慮型依附</u>、<u>強迫渴求關愛</u>、<u>矛盾型</u>、<u>依賴型</u>和<u>癡迷型</u>，這些名稱都反映出這種類型的重要特性。依賴與渴求關愛顯而易見，但矛盾型稍微複雜一些，矛盾型的孩子強烈渴求親近感，卻也同時展現出憤怒的、拒人於千里之外的特質。在「陌生情境測驗」這種廣泛使用的實驗設計中，一歲的孩子被母親丟下後會極度悲傷，但是當母親嘗試修復關係時，他們不會馬上就接受母親的照顧，而是在難以取悅（代表孩子有高需求）、緊迫盯人，以及充滿敵意兩者之間來回擺盪；而我之所以選擇用「癡迷」這個詞，是因為透過上述兩種行為，這些孩子（包括成年之後）極度執著於是否與他人聯繫在一起——執著到這件事成了生活的主軸。

以這種依附類型來說，母親拒絕回應需求的程度雖然比自給自足型輕微，但尚不足以用來建立安全型依附。母親有時候回應，有時候不回應，有時候表達關愛，有時候莫名冷漠，這讓癡迷型的孩子（包括成年之後）對未知感到茫然。

作家黛安娜・弗沙認為，非安全型依附其實是一種策略，用來應付母親的不穩定所觸發的各種不安情緒，「他們應對的方式是像老鷹一樣緊盯著母親，緊緊巴著母親確定她不會再次消失，目的是處理與不穩定有關的恐懼和痛苦。」

不幸的是，這些用來鞏固依附的策略通常只會把人逼走。成年之後，這樣的行為包括：

- 極度需要親近感。
- 對依附信號過度警覺。
- 不斷質疑和考驗對方的忠誠。
- 強調自己的需求與無助來留住對方。
- 在對方沒有滿足渴求時施加懲罰。
- 因為依附需求未獲得滿足而憤怒。

獨處對癡迷型依附的人來說十分難熬，尤其是當他們感到悲傷的時候；他們通常也很難接受依附對象的離開——在長大之後的人際關係中，他們有可能會因為戀愛對象的離開而失去安全感；此外，他們也比較有可能感到嫉妒。

癡迷型依附的人永遠都在尋求愛。這樣的孩子對依附太過執著，以至於他們分不出精力去探索世界，有證據顯示，這種類型的人很容易因為忙著維持人際關係而導致學業和工作表現不佳。

有時候，自給自足型與癡迷型依附這兩種類型的特徵會出現在同一人身上，例如一下子非常冷漠，一下子全心投入，或是一下子表現得疏離且自給自足，一下子變得非常依賴。然而，非安全型依附的各種模式都有一個共同點，那就是——不相信別人會給予情感回應，也不相信自己能依賴他人的支持。

照顧者型

依附理論還有一種模式叫做強迫照顧，這種模式的人無視自身需求，把焦點放在他人的需求上；藉由伸出援手（無論對方是否想要接受）做為接近他人的手段。這種依附類型的人，通常有個無法滿足孩子的需求、反而欣然接受孩子照顧的母親。

大部分的現代依附理論家不會將這種類型納入其中，而且也有證據顯示，小時候屬於癡迷型的孩子，成年後會變成照顧者型，這很符合直覺，因為照顧是維持情感連結的一種方式。

混亂型

有些孩子屬於混亂型或迷失型依附。這種依附類型沒有固定的模式，他們的行為可能包括一種或多種依附類型，有時很困惑，有時很害怕；大部分的受虐兒童都有混亂型依附的特徵。

當然，施虐的父母並不會一直施虐，他們有時也會提供孩子必要的照顧。當父母既是恐懼的來源、也是安心的來源，孩子理所當然會因此感到困惑。這種孩子的行為會跟父母一樣不穩定、他可能會在家長面前顯得困惑或惶恐，有時甚至恍惚失神。

如果媽媽有時候對你很好，有時候卻失控抓狂、還打你，你要怎麼知道現在去找媽媽安不安全呢？為什麼她有時候那麼精神恍惚？（會忽視與虐待孩子的父母通常是未受治療的創傷受害者。）

如果父母有酗酒、嗑藥或長期憂鬱的情況，他們的孩子也經常會有混亂型依附的症狀。

這些孩子常扮演照顧父母的角色，在本質上，他們徹底放棄了孩子的角色。仔細想想，這是相當聰明的回應，身處這些情況的孩子通常認為大人不可相信或不太能幹，自己扮演照顧者還比較安全。

與混亂型依附有關的影響包括：

- 顯著的情緒、社會與認知功能障礙。
- 無法撫慰自己。
- 覺得施加在你身上的事都是自己的錯，而且你毫無價值。
- 覺得自己跟周遭世界格格不入。
- 戒心很重，充滿懷疑，逃避親密感。
- 以解離、分心／攻擊或退縮做為應對機制。
- 腦部體積較小，連接左右腦的神經纖維束受損。

混亂型依附被認為是安全感最低的依附類型，但它與依附障礙並不相同。依附障礙指的是零依附，最常用來指稱「反應性依附障礙」（RAD，reactive attachment disorder）。有反應性依附障礙的孩子不會跟主要照顧者建立依附關係，也不容易跟任何人建立關係；反應性依附障礙與三歲前受到嚴重忽視、虐待、突然與照顧者分開有關，也跟經常更換照顧者有關。

與依附有關的創傷

有幾種和依附對象有關的事件會讓孩子留下創傷。對年幼的孩子來說，被孤單丟下是一種創傷；超出承受範圍的分離是一種創傷；依附關係嚴重中斷和失去依附對象會造成創傷；依附對象施加的身體虐待或性虐待會造成創傷。

此外，如果孩子在有迫切需求時遭到遺棄也會帶來傷害，造成依附創傷。

舉例來說，若你告訴父親或母親說另一位家長對他施虐，但他／她不相信你、無視你或對你說的話輕描淡寫一筆帶過，而不保護你。別忘了，你應該從你與依附對象的關係感受到世界很安全，安全型依

附誕生於需求獲得滿足，而在緊急狀態下沒有得到保護或遭受忽視，這感覺會很像遭到遺棄或受到侵犯。

雖然不管幾歲遭受到創傷都是重大的人生打擊，但是依附對象所留下的傷痕更是難以抹滅。

滿足不了孩子的依附需求是母親的錯嗎？

雖然每個孩子的個性都不一樣，但是有大量證據證實，照顧者的行為是建構安全型依附的關鍵。我們都看過，有的嬰兒只與父母其中一方建立安全型依附，這就是很好的例子，因為這表示只要提供適當回應，嬰兒顯然具備依附照顧者的能力。

有證據顯示，指導並協助母親強化她給孩子的回應可以改變依附模式。母親強化了同頻回應後，孩子很快就能形成安全型依附。

「母親應該為我們的非安全型依附負責」這句話，並非在說母親很糟糕，當然也不是在責怪母親很冷漠。無法建立安全型依附的相關因素非常多，舉例來說，母親雖然很愛孩子，但是被人需要的感覺使她感到害怕或厭惡；遺憾的是，這經常演變成惡性循環，因為母親愈是退縮或沒有給予照顧，寶寶就會發出更多需求信號，而需求信號與信號背後的急迫性，又可能會進一步讓母親感到害怕。

其他因素還包括：母親不擅長解讀寶寶的信號；母親心不在焉、不知所措或情緒低落；母親沒有安全感，對拒絕過度敏感；母親本身就欠缺母愛──如果她的母親無法慷慨付出或與她的需求同頻，或是太忙碌、太冷淡，這種模式便會烙印在她心中，使她不知不覺重複相同模式。看到別人得到自己嚴重欠缺的東西，自己會覺得深受傷害而且難以忍受，這種心情就連身為母親也無法倖免。

我們稍後會討論如何用更客觀的角度去理解母親的過往經歷，但

雖然母親應該為孩子的非安全型依附負責，但是這句話並非指母親很糟糕，甚至也不代表母親很冷漠。

現在較好的做法，是先將童年的人際關係與依附類型的責任歸咎於母親，而不是探究自己哪裡做得不對。這是母親與孩子鏡像同理彼此轉身離開的複雜情況，儘管你是這支雙人舞的其中一位舞者，但說到察覺並改變這種模式，身為成年人的母親責任更大。

長大後才建立安全型依附來得及嗎？

就算你從未擁有過安全型依附，現在開始永遠不會太遲。安全型依附有許多益處，包括：

- 給活在世上的自己一個定錨點，一個你與之連結的地方。
- 用更正面的角度看待他人，對人生有更樂觀的感受。
- 建立長期的安全感。
- 給你一個安心的地方，在這裡你並不孤單，感受到護持。
- 為加強自尊心與自信心的良好感受提供一個平臺。
- 使你將來更有可能為了滿足自己的需要求助他人。
- 強化有利的神經通路，刺激腦部發展。
- 提升自我調節的能力 P046 。

與值得信賴的人建立安全型依附，對療癒欠缺母愛而留下的缺口來說非常重要。

找到你的依附對象

成年之後，我們的依附對象通常是親密伴侶，也可能是治療師或其他協助者、替代母親的人、好朋友等等。有些孩子會用想像的朋友

滿足部分需求,也有很多人(包括成年人與兒童)在寵物身上找到撫慰與情感連結。如果你不確定誰可以當你的依附對象,可以問自己這幾個問題:

- 我心情最不好的時候,向誰訴苦使我感到安心?需要幫助時,我會向誰求助?
- 誰真正關心我過得好不好?誰是為了我而關心我(不是因為我能提供什麼好處)?
- 若我必須幾乎完全依賴他人(例如發生重大意外或生病),我想跟誰在一起?
- 我能相信誰會一直支持我?

辨識你的依附類型

　　如果你還不確定自己是哪種依附類型,參考以下關於幾種類型的描述會很有趣,看看哪一種更像你。

　　請特別注意:這些描述針對的是成年人以及親密關係,而非母嬰關係。此外,每種類型我只提供三點描述。現有的研究評量描述都很長,你可以用這裡的簡短版體驗一下。

癡迷型依附 P066

- 我經常擔心另一半不是真的愛我,或是不想跟我在一起。有時候我會鑽牛角尖,表現得非常嫉妒,甚至對朋友也會這樣。
- 有時候我對親密感的渴望會嚇跑別人。
- 我不明白別人怎麼會沒有注意到我的需求。如果他們關心我,肯定不會讓我如此難受。

自給自足型依附 P064
- 我不喜歡依賴別人。依賴別人好像一定會受傷。
- 我不願意向別人示弱。事實上,我不願意感到脆弱!
- 當別人太靠近我的時候,我會很緊張。

安全型依附 P060
- 我覺得依賴別人和讓別人依賴我,都完全沒有問題。
- 親近他人對我來說滿簡單的。
- 我相信當我需要別人的時候,他們(大致上)都會伸出援手。

照顧者型依附 P068
- 我用滿足他人需求的方式拉近彼此的距離。
- 我認為只要滿足他人足夠的需求,他們就不會離開我。
- 好像沒有同時滿足我們雙方需求的餘裕。

  這四種類型很容易分辨,至於混亂型依附,由於它沒有明確的類型,所以難以用這樣的評量工具自我鑑別。如果你覺得自己似乎不屬於這幾種依附類型,網路上有版本較長的依附類型分級評量,做完之後,你會比較了解自己的依附類型。

  深入討論依附類型的方法很多,我想再說幾件你可能會在現況中觀察到的事。

  其中一條有趣的線索是:當你感覺自己遭到遺棄時會如何回應?有幾個關於依附類型的早期研究,是請母親暫時離開幼兒,然後再次回到房間(陌生情境測驗)。戒心較重、較疏離的孩子(自給自足型依附)在母親重回房間後,最難跟母親重新建立連結,他們通常會無視母親,基本上這些孩子是在表達:「喔,是妳啊。妳對我來說並不

重要。」他們會把注意力放在手邊的事情上。至於矛盾型依附（癡迷型）的孩子，他們在母親離開時會顯得較為煩躁，母親回來後，他們又會變得憤慨，展現出憤怒或無助。

請觀察當你依附的對象離開後，你的反應是屬於哪種類型。你是否認為，向對方表達思念會讓自己顯得太過脆弱？對方回來之後，感情是不是很難回溫？你是不是太過在乎失去，以至於在對方回來之後也難以放下（典型的癡迷、矛盾型依附）？你是否想要懲罰他們（癡迷／矛盾型的傾向）？

在陌生情境測驗中，幼兒與母親重新建立情感連結後的反應，要比他們面對分離時的反應更能代表他們屬於哪種依附類型。

我相信，我們在重要關係中碰到失望與傷害時的反應，也會反映出我們的基本安全感或不安全感。當別人令你感到失望時，你做何反應呢？比如你因為完成重要的大事而期待獲得認可，可是沒人記得，儘管別人的疏忽並不嚴重，但你是否依然大受打擊？你內心是否有點退縮？你想不想稍稍懲罰對方一下？你會不會告訴自己這沒什麼大不了，然後默默隱藏失望的情緒？你敢不敢表達失望？

安全型依附能鍛鍊恢復力，使我們勇於表達。在各種非安全型依附類型當中，我認為自給自足型比較會隱藏受傷和失望的感受（以及對親近感的渴望），而癡迷型可能會刻意強調這些感受，甚至會利用對方的罪惡感，目的是鞏固彼此的關係（我比較常提起這兩種類型，是因為相關的研究與討論最多）。

你可能不只有一種依附類型

你當然可能具備多種類型的特徵。

與其執著於分類，不如留心觀察自己與各種類型的差異，例如你

對於依賴他人和展現脆弱的自在程度、你對親近感的接受程度、你處理感受的能力、你的安全感，以及被需要的感覺等等。我會在後面的章節一一討論這些主題。

把這些情況想像成「不同的人際關係各有各的特性」，或許會有所幫助。正如孩子跟父母雙方會各自形成不同類型的依附，我們成年後面對不同的人際關係時也會展現不同的依附特性。

我們之所以要觀察依附類型，是為了認識這些特性並且找出其模式，除此之外，了解到這些模式建立於最重要的嬰幼兒時期人際關係也很有價值。

與母親的關係會影響你往後的人際關係

無論你跟母親的關係是斷絕往來、充滿安全感又很快樂，或是介於兩者之間，你都無法逃脫這段核心關係對你的影響。

嬰幼兒時期的經歷形塑了你如何看待自己和他人、你對人際關係的期待、你對自己的感受，以及你會養成怎麼樣的防衛習慣（和健康的習慣）。

舉例來說，體驗過安全型依附的美好，人會學習到他可以放心表達自己需要親近感、撫慰，或是其他各種需求——事實上，這正是人際關係的基礎。

如果你的母親（或發揮母親作用的人）在你尋求關愛、支持和保護時不斷拒絕你，你不但會漸漸停止表達這些需求，還會停止察覺你有這些需求（自給自足型）；如果母親反覆無常，有時給予正面回應，有時給予負面回應，你可能會認為滿足依附需求只有一個方法，那就是把全副精神都放在這些需求上，在人際關係中緊迫盯人，而且不停強調自己的感受和需要（癡迷型）。

> 如果你的母親（或發揮母親作用的人）在你尋求關愛、支持和保護時不斷拒絕你，你不但會漸漸停止表達這些需求，還會停止察覺你有這些需求。

請花點時間想一想你自己的情況：

- 根據你目前所學到的，你展現了哪一種表達需求或不表達需求的模式？這跟你在青少年時期與成年期的經驗有何關聯？
- 這跟你想像中童年時期與母親之間的依附模式有何關聯？

改變依附模式會很難嗎？

坦白說，想要改變非安全型依附模式，小孩子是最容易做到的，前面提過，母親可以藉由接受指導快速學會與寶寶同頻。

人際關係的模式存在得愈久，就愈難逆轉，因此，一般認為非安全型依附趁年幼時比較容易改變，不過，這關乎孩子建立安全型依附來抵銷對母親的非安全型依附（以及提供替代做法）的能力。研究顯示，孩子若要彌補或克服對母親的非安全型依附，對父親（與其他次要照顧者）的安全型依附是最重要的因素。

成年人如果想要改變基本依附模式就會稍微困難一些，但是成年後的我們已經發展出新習慣，也比較有能力治療心裡的舊傷、發掘核心信念、找到全新的存在方式。擁有更健康的、新模式的人際關係，能改變我們的期待與態度，賦予我們全新的人際關係基礎。我將在後面的章節進行更詳細的討論。

千萬別忘了，建構依附關係是我們與生俱來的能力——這是人類的天性。

④ 造就你的其他基石
好母親的其餘功能

對孩子的成長來說，愛是最好的土壤。每一顆心都會被愛滋養，只要接受了愛，心就會打開。被愛，使人更願意付出愛，也有助於培養恢復力。

依附只是造就我們的諸多基石之一。本章會先快速回顧有安全感的人際關係，然後進一步討論幫助孩子發展自我意識的其他要素。

母親如何給你安全感？

孩子體驗到的安全感和許多大人並不相同，不過，有些人發現在危急時刻，我們都渴望與最重要的人接觸（包括肢體接觸）。當炸彈滿天飛舞時，我們會緊緊抱住自己最珍視的人。

對幼兒來說，待在充滿關愛的同頻環境裡很有安全感。重點並不是把門緊緊鎖住，而是孩子知道「媽媽會保護我，媽媽會記得我，我對媽媽來說很重要，她一定不會忘記我」。

如果媽媽心事重重、心不在焉或心情煩躁而沒有提供這種感覺，

孩子的安全感就會比較薄弱——當你依賴他人的時候，依賴的對象很可靠，你才會有安全感。

依賴他人是一件脆弱的事，你可以想像一下以下情況：你正在搭飛機，這架飛機只有一位駕駛員，但是你發現他喝醉了；或是你正在接受外科手術，卻突然發現醫生對手術怎麼進行毫無頭緒。對幼兒來說，無法給予情感回應的母親就像一個人突然發現掌舵的船長是個假人，而非真正的人類。

孩子的安全感建立在許多因素之上：覺得母親很有能力；感受到母親與自己同頻；感受到被母親護持。以下是某位女性以非常年幼的內在小孩觀點，在日記裡寫下的文字：

> 我想被粉紅色的毯子包起來，感受到完整的支持。我想要被安穩地抱住、被安穩地接納。我很安全。這似乎是一種全新的感覺。被包在一個溫暖又安全的地方，受到很多保護⋯⋯如果我被安穩地接納，就不需要靠自己維持完整安好。

最後一句很有意思，因為兒科醫生兼精神分析師溫尼科特曾說母親會「維持孩子的完整安好」；母親是孩子的黏著劑，也是孩子的容器。母親真心的支持與慈愛的擁抱，能為孩子提供穩固的定點，追根究柢，這個定點就是母親的心。

值得再次強調的是，這段關係提供的安全感、安全的基地，能讓孩子更安全地探索世界。因為有一個安全的家，所以隨時都能離開；因為被穩穩抱住，所以不需要緊巴著對方不放。研究發現，有安全感的寶寶會在感到安心時勇敢探索，在不安心時尋求情感連結，這是人類的內建機制。

不安心是焦慮誕生的前奏。心理健康領域的許多專家都認為，焦

當你依賴他人時，依賴的對象很可靠，你才會有安全感。

慮會導致不健康的防衛心態，也是心理病態的根源。當我們陷入自己無法處理的情況而感到孤單和缺乏支持，以及當我們的照顧者不在或是沒有回應時，都會產生焦慮。

快樂的家與快樂的母親

對孩子來說，與母親維持有安全感的關係是成長的第一層容器，而快樂的家是更大的第二層容器，那就好像將一株室內植物種在一盆肥沃的土壤裡，然後放到陽光與溫度都適中的房間裡。

快樂的家是讓人身心舒暢的地方。家人彼此和善對待，自己的內心也很平和；他們知道家是一個互助合作的單位，每個人的需求與滿足都很重要，而身為孩子的你知道自己的需求被家人放在第一位。這個認知帶給你歸屬感，它支持你表達需求，也支持你做自己。

快樂的家裡不會有層出不窮的危機需要解決（或是讓你因為年紀太小無力解決任何問題，而懷疑自己能否撐過去）。家人不會互相角力，不會有沉默或沒那麼沉默的衝突。在快樂的家裡，你不需要屏住呼吸，你可以徹底放鬆，你可以做你自己。

快樂的家或許會有兩個家長（可以是異性，也可以是同性），但這不是必要條件；如果媽媽能獲得其他重要成年人的支持，她會比較快樂，如果她與其他成年人之間摩擦不斷，這對她肯定沒有好處。快樂的家裡或許有其他孩子，或許沒有；或許有寵物，或許沒有。如果一個家充滿壓力和剝奪感，又有較多需要照顧的對象，只會耗盡母親的精力；但是在快樂的家裡，母親彷彿有足夠的精神照顧每一個人，心中不會有怨氣。她似乎很享受付出！（有相反經驗的人或許會對這件事感到相當震驚。）

能感受到媽媽很快樂，對孩子來說大有助益。想像一下母親面帶

微笑與開懷大笑的畫面，她在這個地方很快樂，她與你、與畫面中的人在一起很快樂，那個當下一切都很完美，不需要任何改變。她很放鬆！當媽媽心情輕鬆、面帶微笑，我們會察覺到她的世界剛剛好，當她的世界剛剛好，我們的世界也會剛剛好。

但是，如果媽媽心不在焉、充滿擔憂或心情沮喪，我們就無法獲得同樣的支持，而且想要放鬆與專注於當下也會比較困難。媽媽孤僻退縮或焦躁不安，孩子會覺得坦率表達自己不太好，我們沒辦法放心快樂，只能強顏歡笑去試圖取悅母親。母親的快樂可以讓我們放下這些負擔，我們可以表達真實的自己。

情感破裂後可以再修復的能力

健康、快樂的家並不代表沒有問題，但是這些問題是可以被修正的，而非假裝問題不存在，最後如雪球般愈滾愈大。家裡的衝突能得到解決，也有能充分應對各式各樣需求的成年人，這點對人際關係來說至關重要。孩子需要知道憤怒的感受與爭吵雖然會發生，但這些裂痕都是可以修復的。

我在第一章介紹的夠好的母親 P032 就經常失誤，一次又一次修復關係是鞏固情感連結和培養恢復力的一部分；母親與孩子之間的連結、治療師與個案之間的關係、伴侶之間的關係，以及任何意義重大的人際關係，都適用此原則。我們必須知道對方有能力處理伴隨情感破裂而來的心煩意亂，也不會因此轉身離開，而是一起修補裂痕。

這樣的認知需要經驗。記得有一次，我在療程中對著治療師發洩挫折感和怒氣，我對自己的失控感到震驚，心想，我跟對方的關係應該就此完蛋了──我顯然相信，只要表達憤怒，就會徹底破壞情感連結。但是，這段關係並沒有因此受損，相反地，它變得更加穩固了。

母親的快樂可讓我們放下負擔，我們可以表達真實的自己。

那時的我沒有過往經驗可以參考，告訴我這種情況是有可能的；我從來不敢對家人表達憤怒，所以嚴重欠缺這種先撕裂再修復的經驗。

知道裂痕可以修復也是安全型依附的重要面向，有助於培養孩子的恢復力。

母親和家給你的歸屬感

幫助孩子建立歸屬感牽涉到許多因素，有些是顯而易見的外在因素，例如使用相同的姓氏、住在同一個家裡、家人之間的相似之處（眼睛、鼻子或嘴巴很像）等等。

安全型依附能創造深刻的歸屬感，因為它給你一個定錨點，在廣袤的生命之網上有一個屬於你的地方，這個地方比任何人際關係更重要，是與我們建立第一段人際關係的母親為我們準備好的地方。

隨著我們漸漸長大，歸屬感或許也會來自於知道自己屬於某個團隊、某個部落、某個社區、某個社團、某個群體、某個民族或某種社會活動，以及擁有自己的孩子和伴侶。這些都是不同層次的歸屬感，只要能對其中幾種有歸屬感，我們就會在當中感到被接納，覺得自己是團體的一部分。

感受到被重視與被了解，也是歸屬感的一部分。如果你的家人宣稱你是他們的一分子，但你卻感受不到他們了解你或認識真實的你，那麼即使在自己的家裡，你也會覺得像個外人。

母親是孩子自我意識萌芽的推手

寶寶萌生的自我意識非常容易受到影響，這點好母親知之甚詳，她會用最謹慎和尊重的態度對待寶寶的自我意識，也用同樣的態度對

待他們之間日漸加深的聯繫。他們的互動就像織布機上的梭子一樣來回穿梭，編織出兩顆心之間的情感連結。

寶寶與媽媽的互動是形塑自我意識的關鍵因素，寶寶的自我意識尚未成為獨立的個體，而是沉浸在人際關係的感受裡，這段人際關係中的另一個人正是母親。

母親是孩子發展自我意識的重要推手，在孩子發展個人特質的過程中，她的支持和鼓勵不可或缺。想要讓孩子的「真我」站穩腳步，就必須讓它被看見。

孩子知道自己被看見的唯一方法，就是由他人鏡像同理自己的感受與經驗，並且認同和讚揚這些感受與經驗。如果孩子的特質沒有獲得鏡像同理或支持，這些特質就無法成為他的發展基礎；當天生的特質無法立足扎根，孩子會漸漸變成自己「應該」成為的模樣，進而發展出假我。在某些人身上，這種假我（每個人或多或少都有假我）遮蓋了一切，以至於他們只有假我。

提供順應本性成長的適當環境

想要有機會成為真我，我們需要一個能讓我們順應本性成長的環境，提供我們完整發展所需要的各種原料。土壤缺乏礦物質會妨礙植物生長、改變植物的體質，同樣地，童年環境缺乏養分也會妨礙我們的發展。

除了前面討論過的鏡像同理 P049 與同頻回應 P045 之外，這些養分還包括無條件的接受（「不管你是什麼樣子，我都接受」）、尊重與重視。你需要因為你是你而獲得重視，你的存在本身就值得重視，若非如此，你會覺得自己格格不入，對這個地方沒有歸屬感，這會使你難以擁抱生命。

你需要因為你是你而獲得重視，你的存在本身就值得重視。

一個家庭愈尊重和重視的事情，就會愈加強化。你可以試試以下的練習。

■ 你的家人重視哪些事情？
- 聰明才智。
- 技能與成就。
- 溫柔體貼。
- 天真無邪。
- 處事周到。
- 心思敏感。
- 吃苦耐勞。
- 幽默與搞笑。
- 強悍堅忍。
- 親切和善。
- 懂得求助於人。
- 有自信，偶爾「得意忘形」。
- 善用感官，享受自己與世界接觸的過程。
- 外貌動人。
- 樂於助人。
- 表達感受。
- 想像力與創造力。

■ 這些特質之中，有哪些受到忽視，彷彿根本不存在？哪些被嘲笑或蔑視？這個練習給你什麼領悟？你小時候那些沒受到重視的特質，後來怎麼了？

深度想像可以為我們帶來新的經驗。請選擇一個當年你身上沒有

獲得支持的特質,想像某個對你來說很重要的人認可這項特質,並且誠心讚美你,想像對方說,這是他最欣賞你的其中一件事。這帶給你怎樣的感覺?把這種感覺放進內在深處,用身體去感受它。

因為過去沒有獲得重視,所以連我們自己都厭棄這些特質,這是我們經常需要處理的問題,我們需要爭取擁有這些特質的權利。

支持「身為孩子」的本來特質

想一想年幼的孩子的共同特質,例如:

- 依賴他人。
- 有需求。
- 對挫折的容忍度很低,一切都必須跟自己想的一樣。
- 天真無邪。
- 發展尚未成熟,技能低下。
- 立即表達真實情感。
- 尋求親近感與關愛。
- 嬌貴敏感且逗人喜愛。

只要不會受到責備,世上各種文化與環境的孩子身上都有這些特質,不是嗎?

那麼,更有意義的問題是:這些特質在我們家裡是不是經常遭到忽視或否定?若真是如此,這表示「身為孩子」並不會使我們受到重視,使我們受到重視的是「長大成人」。在我們變得愈來愈獨立、愈來愈有能力的過程,當然需要父母的加油打氣與重視,但是欠缺母愛的人往往只在「變得更獨立」這一點上得到較多支持,而不是因為孩

子的天生特質而受到支持;跟滿足我們的童年需求相比,父母更希望我們趕快長大、擺脫童年需求。

父母之所以否定較為柔軟的特質,可能的原因非常多。或許在他們自己成長的過程中,這是個必須盡快跳過的階段,舉例來說,幼時甜美可愛的特質沒有獲得支持的女生,長大後也會難以接受孩子甜美可愛,因為這是在她的傷口上灑鹽;依賴、敏感和其他較為柔軟的特質也一樣。又或者,小時候遭遇的困難或虐待撕碎了一位母親的天真爛漫,而她將一切歸咎於自己性格坦率且毫無戒心,因此當她的孩子展現脆弱時,她會認為眼前的情況很危險,並因而感到不安。

有的時候,過多的壓力與困難會干擾母親培養這些柔軟特質的能力,但常見的罪魁禍首仍是她自己的童年經驗。此外,如果母親自己小時候被期待快點長大、快點擺脫童年的需求與限制,她或許會對孩子的能力抱持不切實際的期待,而這樣的母親容易憤怒和施虐。

- 再看一次前面的幼兒特質,你認為哪些特質曾得到父母的支持?
- 如果你的母親很難接受較柔軟的特質,你認為是什麼原因?

若要自然發展,我們必須按照自己的步調成長,事實上,出於被強迫、被施壓的成長只是揠苗助長。我們身為孩子的特質必須獲得支持,才有機會真正脫離童年。

足夠的肢體接觸

撫育和關愛的肢體接觸不但是發展自我意識的重要基石,也是發展自我價值的重要基石。肢體接觸是不可或缺的需求,缺乏肢體接觸的寶寶甚至可能失去生命。

若要自然發展,我們必須按照自己的步調成長,我們身為孩子的特質必須獲得支持,才有機會真正脫離童年。

你或許聽過生長遲緩症候群（FTT，failure to thrive），這是多年以前在孤兒院發現的現象：儘管所有的寶寶都獲得餵養，但床位排在末端的寶寶衰弱和死亡的比例，大幅高於床位排在前端的寶寶。研究人員發現，二者的差別在於床位排在末端的寶寶沒有被抱起來、也沒有獲得關注，他們著手改善了這種情況，結果生長遲緩的寶寶因而減少許多。

　　給予撫育的肢體接觸在生理上有各式各樣的好處，包括促進神經系統生長、刺激免疫系統和減少壓力荷爾蒙。不過，這裡我們要把重點放在情感與心理方面——撫育的肢體接觸使我們感受到愛、安慰和保護。

　　適度的肢體接觸也能幫助我們對身體產生現實感，缺乏肢體接觸的孩子可能會跟身體脫節，產生不真實的感受。知道自己住在身體裡能帶來現實感，而肢體接觸能帶來這樣的感受；缺乏肢體接觸或粗暴的肢體接觸可能會造成解離——也就是精神與身體的分離。

　　矛盾的是，缺乏肢體接觸也可能反過來造成一種身體是囚籠的感覺。艾胥利・蒙塔古（Ashley Montagu）在著作《觸覺的意義》中寫道：「觸碰皮膚的刺激使孩子有能力超脫身體的限制。」

　　蒙塔古認為，沒有獲得足夠肢體接觸的孩子會被囚禁在身體裡，進而連正常的觸碰都被視為威脅。這叫做<u>觸覺防禦</u>，這種防備心態的表現方式可能是對觸碰不敏感或過度敏感，也可能是抗拒觸碰。

　　缺乏正面肢體接觸的孩子通常會（無意識地）不想被人觸碰，彷彿自己有什麼嚴重的問題。負面肢體接觸通常是粗暴或帶有敵意的訓誡，兩種形式都不會讓孩子有被珍視的感覺；幼兒的意識發展尚未成熟，所以他們無法理解父母的不當行為跟自己毫無關係。大致而言，肢體接觸被剝奪的時間愈早，造成的傷害就愈嚴重。

　　母親不喜歡跟孩子肢體接觸的原因很多。如果母親自己未曾獲得

撫育的肢體接觸，她可能會產生觸覺防禦，與自己的身體非常脫節，撫育的肢體接觸對她來說可能非常陌生，因為這不是她具備的能力。受虐或其他因素也可能致使她在面對自己和他人的身體（包括孩子的身體）時會感到十分不自在，羞於面對自己身體的母親，通常會把這種感受傳給下一代。

以下的問題有助於探索你對肢體接觸的感受：

- （可想一想不同年齡的情況）你小時候得到怎樣的肢體接觸？
- 如果你的母親似乎不喜歡肢體接觸，你覺得那是為什麼？
- 如果你覺得自己沒有得到足夠的肢體接觸，這對你有什麼影響？你是否渴望肢體接觸，有時候甚至會為了獲得肢體接觸故意做有點危險的事？你對於各種肢體接觸是否感到自在？
- 如果你沒有得到足夠的肢體接觸，你如何看待這件事？你是否對不可觸碰的感覺有共鳴？

愛是媒介，也是訊息

我們可以說肢體接觸是媒介，愛是訊息，但是愛本身也是媒介，因為對孩子的成長來說，愛是最好的土壤。每一顆心都會被愛滋養，只要接受了愛，心就會打開，被愛，使人更願意付出愛，也有助於培養恢復力。

愛不只藉由肢體接觸傳遞，也會透過語調、表情、回應程度、話語和照顧的性質傳遞——孩子真的感受得到愛的多寡。

愛也會影響母親的支援行為——例如保護、鼓勵、支持與引導。如果有愛，孩子將更容易接受這些行為，缺乏愛反而會使這些行為造成傷害，而非提供協助，比如說，如果沒有愛，那些出於保護的規定

便會讓孩子覺得是限制、很不公平；少了愛，孩子就會覺得大人的規定只是為了控制。缺愛的鼓勵感覺更像是逼迫而不是支持，孩子甚至會覺得父母希望孩子成功，只是為了讓自己臉上有光。

　　少了愛，任何付出都會效果不彰；有了愛，再笨拙的育兒手段也會被原諒。

　　討論完好母親提供的基石與基本功能之後，接下來我們要討論在這些條件都缺席的情況下，會發生什麼事。

 少了愛，孩子會覺得大人的規定只是為了控制，有了愛，再笨拙的育兒手段也會被原諒。

Part 2
母愛如何出錯？
When Mothering Goes Wrong

5 媽媽，妳不愛我嗎？
是我害的嗎？

當別人傷害年幼的孩子或遺棄他們時，孩子會以為原因出在自己身上，他們會認為一定是自己不乖或不值得愛。

影響行為的外在因素很多，但年幼的孩子不具備理解這些外在因素的視角，當別人傷害他們或遺棄他們時，他們會以為原因出在自己身上，他們會認為一定是自己不乖或不值得愛。這種「我犯錯了」的感覺自己不一定能察覺，但或多或少都有。

本書以詩作〈媽媽，你在哪兒？〉 P012 開頭，而這首詩的最後一句說的正是這種感覺：「是我害的嗎？」

缺乏母愛留下的缺口

覺得自己對母親來說無足輕重會留下缺口，通常是覺得內心破了一個洞，而這個缺口原本是母親的位置。

仔細檢視的話，會發現這個缺口分為三層。

第一層在最外面，與外在的缺乏有關。在無人照看、教養不足、

社會化不足的孩子身上，母親的缺席顯而易見。發展稍微遲緩的孩子之所以會出現這種缺口，是因為他們在語言、動作技能與早期的學習技巧等方面，沒有獲得個別的關注與支持。

第二層是欠缺母愛造成的自我意識缺口，準確來說，這是一系列的缺口，感受到自己不被愛的缺口；沒有得到鏡像同理因而沒有現實感的缺口；缺乏鼓勵與讚美導致自信心出現缺口；沒有歸屬感、在人群中感到無家可歸的缺口。

有位欠缺母愛的成年人曾告訴我，這使得她對愛極度渴求，她這樣說：「如果心裡有缺口，你永遠無法滿足。」她是早產兒，一出生就被送進保溫箱，沒能得到正常寶寶應該有的肢體接觸，這使得她對關愛的肢體接觸與任何正面關注都充滿渴望。青年期與成年初期的她強烈渴望關愛，對每一個似乎留意到她的人都有好感。

這種缺口也經常造成巨大的孤獨感。有位女性說她在四歲時感受到一波孤獨感，她心想：「這就是那種『我沒有媽媽』的感覺。」但是，她的理智提出了反駁，提醒她自己確實有母親——這使她備感困惑。曾有人形容這種缺口是一種空虛、孤單、「情感孤獨」（社會心理學中，孤獨分為社會孤獨和情感孤獨二種）的感受。

第三層缺口的出現，是我們像母親一樣照顧自己時，在自己身上看見跟母親一樣的缺陷。我們發現我們不知道如何支持和鼓勵自己、不知道如何付出溫柔與耐心、不知道如何將自己的需要和限制納入考量，這是我們內在母親的缺口。

這三層缺口，我都會進行討論。我會先說明好母親能提供什麼，再請你對照自身的經驗，這樣你才會知道自己欠缺哪些能力，或是哪些能力發展不足。第九到十四章的主題是療癒，我會在這幾章討論如何修復這些缺口。

我們對母親是否陪伴在側的記憶開始得很早，有位女性說她人生

如果心裡有缺口，你永遠無法滿足。

最早的記憶是躺在毯子上，伸出雙臂想要抱抱，但是沒有人回應她的需求，所以最後她把手臂放下了。當再怎麼努力都感覺沒用時，我們會放棄，並且在許多層面上瓦解崩潰。

我們在工作坊經常使用一種練習：躺在地上，伸出雙臂呼救。如果你小時候感受過前段描述的這種無助感，或者得到的是拒絕或懲罰的回應，現在的你或許會做不到伸手呼救。有些人即使不曾遭受重大傷害，但在練習中扮演母親角色的人只是少數幾次沒有回應，他們就會心灰意冷到不再求助。

多年來，我聽過許多類似的早期記憶，當中對不回應的母親感到憤怒的人並不少見，他們最初的反應是憤怒，可能是一邊捶打嬰兒床一邊尖叫，我的個案幾乎都表示，這麼做一點用都沒有，他們的尖叫通常不會得到關注，所以他們最後選擇了放棄；可是，憤怒的感覺似乎沒有消失，很可能只是隱藏起來，並且在成年後輕易就被點燃，比方說，碰到一個回應冷淡的上司。

麗塔是一個中年人，她度過毫無母愛的童年，一直在努力修復創傷。有天，她突然看見自己仍是個嬰兒，坐在一名女性的腿上，而這名女性的腰部以上什麼也沒有。

麗塔的心中充滿怨念：妳怎麼可以如此對待一個寶寶？

這是一幅非常強烈的畫面，是情感缺席的母親留給孩子的感受，她們形同不存在。對孩子來說，這是極大的打擊、是一種對生存的威脅，所以也會對他們的神經系統造成創傷。

孩子需要母親的真實陪伴

嬰兒與幼兒絕對需要照顧者的陪伴，少了照顧者，寶寶就無法生存。母親缺席得太早、太久或太頻繁，都會留下深刻的傷痕。

我並非主張女性都應該成為全職媽媽，許多母親為了家庭生計不得不外出工作，另外有些母親，則會因為勝任母職的能力更上一層樓，而在心理上倍感充實和滿足。研究顯示，母親心理上的滿足是孩子身心發展的關鍵因素，當母親只是因為「必須」而成為全職媽媽，很可能會變得憂鬱、暴躁，反而對孩子不利。此外，也有研究指出，對幼兒與年齡稍大的孩子來說，高品質的育兒照顧有益於發展。

出生第一年的寶寶對分離的承受力最低，這段期間讓寶寶經常獨處是最令人擔憂的做法，因此，母親工作時間的長短的確是影響因素之一，如果母親每天有十小時或十二小時不在家，她會很難對孩子的感受保持注意與同頻。

雖然實際陪伴的時間（每個孩子需求不同）的確有影響，但其實陪伴的「質」比「量」更加重要。

我看過嚴重缺乏實際陪伴也能夠原諒母親的案例，因為孩子與母親的情感連結很緊密，他感受得到母親的愛，當然，和許多母親經常在家的孩子相比，缺乏實際陪伴仍然需要付出代價，只是這樣的代價比較少而已。至於死亡造成的永遠缺席，則是截然不同的情況，會造成各式各樣的影響。

孩子的年齡也是重要因素。年紀稍大的孩子有比較多的資源能幫助他們承受母親的缺席，如果他們小時候受到充分照顧，就比較有機會將慈愛的母親形象內化，自我意識的發展也比較穩固。

假使母親的缺席在規畫之中，孩子──包括青春期的孩子──也應該參與討論，孩子對母親仍有需求，即將離開的母親最好跟孩子一起解決與這些需求有關的問題。沒有先跟孩子討論就（與其他成年人一起）一次離開孩子幾星期或幾個月的母親，在孩子小時候肯定也不曾與孩子情感上的需求同頻──忽視情感需求的母親通常會高估孩子的獨立程度。

> 母親心理上的滿足是孩子身心發展的關鍵因素，只是因為「必須」而成為全職媽媽的母親會因此憂鬱、暴躁，反而對孩子不利。

當母親無法正常展現母愛……

丹尼爾‧斯特恩醫生（Daniel Stern）寫過多本母嬰關係的書，他指出寶寶對母親的能量是否在身邊非常敏感。母親是寶寶的世界中心，寶寶與母親的感受強烈同頻。

感受不到母親的情感，寶寶會極度難受。斯特恩醫生表示，寶寶會覺得母親的「心思飄到其他地方，而那是他不想去的地方。在認同母親的過程中，他感受到母親情感上的麻木不仁漸漸滲入他的內在」。在本質上來說，一位有解離症的母親，她的寶寶通常會跟著她進入解離狀態，甚至會變得跟母親一樣漠然。

解離模式可能是銘印自母親的解離狀態，也可能是我們自己對遺棄的反應。

一位對這種情況有深刻體悟的成年人，以童年自我的角度說：「媽媽在我身邊時，我會興高采烈；媽媽離開時，我也跟著離開，我失去了和自己的聯繫。」

這是可以理解的，少了母親做為定錨點，孩子要專注於當下會比較困難。通常孩子會為了母親的「離開」責怪自己，認為這是因為「照顧我太麻煩了」。

研究發現，當母親在情感上缺席，寶寶的回應模式有兩種。一種是疏離母親，避免和母親接觸，好讓自己處於比較愉快的狀態。毫無意外地，如果母親鮮少表達情感，她的孩子通常會形成自給自足型的依附類型 P064 ──依附一個對自己無心的人實在太過痛苦。

至於另一種模式，斯特恩醫生對它的描述則是「費盡心力取悅母親，想把母親拉到身邊：扮演母親的抗憂鬱藥物」，但這不是小寶寶可以輕易做得到的事！

這樣看來，我們的選擇似乎有三個：跟隨母親進入麻木的黑洞、

切斷部分情感連結以避開這個黑洞，或是乾脆成為媽媽的救援者。花點時間想一想，如果你的母親在情感上缺席，你可能做過怎樣的選擇（你可能三種選擇都試過，只是是在不同的時期）。

「面無表情實驗」證實了母親的漠然會令寶寶感到痛苦，這項實驗想知道寶寶如何回應母親的無動於衷，實驗者於是要求年輕的母親們在看著寶寶時突然換上撲克臉，沒有任何表情和動作，實驗的時間只有短短三分鐘，但是，「面對面無表情的母親，寶寶的行為模式都很一致，他們會先反覆嘗試誘發母親做出回應，接著露出悲傷的表情，把臉轉開不看媽媽，到最後徹底放棄——這些行為就發生在短短三分鐘之內！」

研究者認為，寶寶會先進入自我保護狀態，然後在這種狀態下想辦法自我撫慰——這種模式也常出現在住院的嬰兒身上。母親的能量與情感為寶寶提供了刺激，他們仰賴這種刺激與世界建立連結。

在「面無表情實驗」中，在母親變回情感豐富的模樣之後，原本就具備安全感的寶寶會再次對母親表達喜愛，親密關係恢復如初。然而，如果母親經常很疏遠、很茫然、很冷淡，或是寶寶欠缺有安全感的依附，又會是怎樣的結果呢？如果母親本身有時候令人恐懼呢？如果孩子已經歷過其他創傷，例如醫療創傷、身體虐待或性虐待呢？恢復親密關係依然會這麼簡單嗎？

蘇・格哈特（Sue Gerhardt）在其著作中引述了這個研究的結果，她認為：「對寶寶來說，最痛苦的經驗似乎是母親的漠不關心。」比起被粗暴的對待，寶寶更難忍受母親的漠不關心，畢竟如果母親是主要照顧者的話，她就是寶寶與世界之間的橋梁，也是寶寶的需求獲得滿足的最佳希望。

憂鬱是情感缺席的母親十分常見的共通點。憂鬱的母親與孩子的互動較少，她們的寶寶展現的正面感受也比較少，而且往往會在幼兒

> 比起被粗暴的對待，寶寶更難忍受母親的漠不關心，畢竟如果母親是主要照顧者的話，她就是寶寶與世界之間的橋梁。

期發展出非安全型依附，處理認知任務的表現也比較差（別忘了，大腦的啟動和發育主要仰賴人際互動）。除此之外，這種壓力也會導致胃腸與自律神經系統變得敏感，而且在成年人試圖接觸他們的時候，他們也沒有能力或意願與對方互動，這樣的孩子即使成年了，也還是不習慣溫暖、有愛的接觸，而必須試著學習他們早該在襁褓期就該建立的能力。

憂鬱母親的臉孔和面無表情實驗非常的相似。欠缺非語言信號會讓孩子得不到支持與指引，簡單如一個微笑，就能使正在學走路的幼兒大受鼓舞、能向他傳達安全與接納，並且使孩子對這段關係產生共鳴——除此之外，年幼的孩子還有別的方法能確定媽媽的狀態嗎？同樣地，驚訝或否定的表情也能幫助孩子熟悉周遭環境。總而言之，母親的回應是探索世界的重要助力。

好母親發揮的功能之中，有許多的確是情感缺席的母親無法做到的，但或許最重要的差別是，母親的心沒有對孩子敞開、她沒有跟孩子建立情感連結。有些母親沒有發揮好母親的部分功能，例如引導、鼓勵和保護；有些雖然建立了情感連結，卻仍有其他問題，以缺乏自信的母親為例，她建立的情感連結深受她自己的需求影響——而不是孩子的需求；控制欲強大的母親雖然與孩子建立情感連結，卻會對孩子產生過度認同（將自己的需求和孩子的需求混淆）的情況。

母親為什麼會在情感上缺席？

以下是幾個常見的原因：

- 她長期處於悲痛。
- 她照顧的孩子太多。

- 她心理狀態不穩定，或是憂鬱。
- 你們被迫分開（戰爭、天災、經濟危機、坐牢……）。
- 你們一開始就相處得不好，情感連結薄弱。她覺得育兒無異於工作，導致她產生內在衝突與／或羞愧。
- 她有自戀傷痕（因理想自我和真實自我的差距所造成的痛苦，嚴重到自我要崩解），忙著照顧自己的需求。
- 她不知道怎麼當媽媽，罪惡感與能力不足令她逃避與孩子接觸。
- 她忙著照顧別人（生病的父母、配偶……）。
- 現實生活中的任務令她喘不過氣，例如經常搬家。
- 她有酒癮或毒癮。
- 她為了生計同時做兩份以上的工作。
- 她是「職業婦女」，這使她筋疲力盡。
- 她是學生（所以老是不在）。
- 她忙著談戀愛、上床。
- 她自己也是孩子。
- 她身心俱疲或生病了。
- 她不想跟孩子在一起；或許她本來就不想生孩子。
- 她從未與自己的母親建立情感連結，沒有過往經驗告訴她怎麼當個體貼、關心孩子的媽媽。
- 她害怕表達愛、害怕跟任何人建立情感連結。
- 她以為你的需求已獲得滿足，而且別人告訴她不用為你做太多，不然會把你寵壞。
- 她的全副精神都花在保護自己，因為她有一個暴躁易怒或會對她拳腳相向的伴侶。
- 她因為服藥而情感麻木。
- 她的童年傷痛仍未解決，她為了保護自己而封閉情感。

孩子如何解讀母親在情感上缺席？

假使把前面這些原因彙整成三個基本訊息，欠缺母愛的孩子聽見的是其中一個或多個訊息：

- 我無能為力。
- 你要求／拿取太多；你的需求太過分。
- 我不在乎你。

假使孩子的靈魂某處認為母親無能為力，他們通常會對自己的母親感到同情。

法拉告訴我說：「我感受到母親很痛苦，她不快樂，所以我盡量不要求太多。」法拉知道母親壓力很大，所以她把自己的需求減到最少；有趣的是，很久之後法拉的母親卻提到，是法拉太早離開她自立。面對一個幾乎總是不在的人，你要如何跟對方維持情感連結？法拉說母親傳遞的訊息是「不要依賴我」，而她只是照辦而已。

從某些方面來說，如果孩子認為母親無力付出愛與關注，或許會比較容易釋懷；但如果母親似乎能對別人付出愛與關懷（但對他卻沒有），那麼孩子將很難不責怪自己，也會更加難受——除了解讀成被母親厭惡之外，他還能怎麼理解這種情況？

做兩份工作的母親回到家時，整個人早已筋疲力竭；母親總是忙著跟朋友講電話，一邊講一邊笑得很開心——這兩種母親給孩子的感受是非常不同的，後者等於是在告訴孩子：「我有空理別人，但沒空理你。」母親明明能為我們做更多，卻沒有動力這麼做，這使我們相信她不在乎我們。如果她在回應我們的時候總是表現出很有負擔的態度，我們就會覺得自己是個麻煩。

回想一下小時候母親不理會你給你帶來怎樣的感受，或許會有幫助。如果你已經在跟內在小孩培養感情（參考第十一章），請仔細聆聽，看看你能否理解內在小孩的感受，如果還沒，請以你現在的角度來仔細回想，你曾用怎樣的方式解讀母親不理會你。我建議你把想法寫下來，等讀完後面幾章之後再拿出來看，或是等到更久之後再看，然後以比較客觀的角度評估以前的解讀。

當失能的母親是孩子的唯一依靠……

很遺憾的是，有時候能力不足的母親是家裡唯一的或常在的照顧者。對欠缺母愛的孩子來說，父親（或第二個發揮母親作用的人）的缺席將使情況雪上加霜，孩子沒有其他可求助的對象，因此維繫與母親薄弱的情感連結會變得更加必要。

一般相信，父親的功能也包括協助孩子脫離母親。母親代表家，也代表孩子最早期的人際關係——此時的孩子以為自己與媽媽是一體的，父親則代表了母親以外的世界——他是通往更加寬廣的世界的橋梁。無論與母親的關係能否讓孩子獲得滿足，假使母親是孩子世界裡唯一的行星，要脫離母親的軌道會更加困難。

母親如果能力充分、擅長同頻，那麼身為獨生子女可能不是什麼大問題，但如果單親媽媽或單親爸爸的心理有狀況，她／他的獨生子女通常會很痛苦。

為什麼有的孩子會受更多苦？

同一對父母養育的孩子可能有著截然不同的體驗，當中的原因非常多。母親在不同的人生階段生下他們，每個孩子都可能碰到家裡與

周遭世界面臨不同情況的關鍵時期,而且每個孩子的個性也不一樣。研究已經證實了細心的家長們都知道的現象:有些孩子天生就比較堅強、隨和;生性敏感的孩子很快就會注意到路上的障礙,然而遲鈍的手足幾乎不會發現。因此,同一對父母養育的孩子之所以有截然不同的體驗,可能是因為每個孩子的生理機制、情感經驗與生活環境都是獨一無二的。

另一個原因是:父母不會平等對待每一個孩子——儘管直覺告訴我們平等至上,但實際情況比較微妙一點。父母確實不該厚此薄彼,也不應該偏心,但他們必須表現出他們知道孩子的需求和能力各不相同,並且做出適當的回應。讓每個孩子都穿相似的衣服、參加相同的活動,或是拿到一模一樣的玩具,他們的個體性會遭到抹殺,甚至沒有機會發展。

好的父母不會對每個孩子一視同仁,這是有充分理由的——他們能察覺到每個孩子的差異;然而,糟糕的父母則是因為自身的偏見才沒有一視同仁,他們偏心聽話的孩子、特定性別的孩子或可以向人誇耀的孩子(視孩子為自己的「代言人」),自戀型的家長甚至可能會偏心不比自己優秀的孩子。

母親差別對待孩子的原因很多,有些原因我們永遠不會知道。比方說,母親會照顧比較不挑剔、不敏感的孩子,反而不照顧敏感的孩子,因為她不確信自己能否給予正確的照顧;或是孩子跟她很像,她把自我否定投射或投影到孩子身上;又或者是孩子令她想起過往不愉快的人際關係——比如她自己的母親。

還有一種情況是,媽媽已經耗盡精力了。她帶第一個孩子時最盡心盡力,生了三個或更多個孩子之後,可能還能依例行事地帶孩子,到了最後一個孩子出生之後,她只能勉力應付。想像一下如果她有九個或十個孩子!在大家庭裡,年長的孩子會幫忙照顧年幼的弟妹,扮

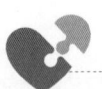
好的父母不會對每個孩子一視同仁,他們能察覺到每個孩子的差異。

演代理母親的角色，只不過，小寶寶當然不會知道母親已筋疲力盡，他只知道母親不在身邊。

另有一種情況則是第一個孩子最不受喜愛，這最常發生在母親意外懷孕的孩子身上，她討厭被迫成為母親，也討厭跟一個自己原本打算拋棄（或因為有了孩子就拋棄她）的人綁在一起。孩子知道母親不要自己，我相信很多孩子出生前就已經知道這件事。

更不幸的是，手足和家長都可能會尋找代罪羔羊。手足施虐的情況通常代表：一、施虐的孩子沒有獲得良好的養育，二、父母沒有負起責任確保孩子得到尊重對待、遠離傷害。同時遭受父母與手足的施虐，對一個孩子來說會是更沉重的負擔。

互相對峙的親子關係

我從未看過（已成年的）孩子疏離對自己百般接納的母親。依附研究指出，孩子依附母親是一種本能衝動，如果他會抗拒這種本能衝動，那是因為在某個重要的層面上，孩子認為母親拒他於千里之外。我的基本理論是，孩子會因為失望和受傷而疏離母親，這是一種自我防衛，因為向對方求助卻遭到拒絕實在太痛苦，所以選擇轉身離開。

母親並非完人，被孩子討厭或拒絕的想法與恐懼會刺激她們做出反應——她們會為了迴避自身的傷痛而轉身離開。母親和孩子可能會鏡像同理彼此而導致互相拒絕，築起高牆來回應對方的高牆或冷漠。

我家的地區報紙曾經報導一名青少女的故事長達一年，她和男友合力計畫謀殺她的母親，並且由男友負責執行。他們兩個都有嚴重心理病態的特徵，對此事毫無悔意、完全無感。

雖然我知道很多（或是大部分）欠缺母愛的人都心懷憤怒，但我實在不願想像一個孩子能對母親冷血至此。

有位心理學家做證指出,這個女孩的母親暴躁易怒、長年酗酒,女孩藉由關閉感受來處理母親的嚴重忽視、語言暴力與偶發的肢體虐待;評估她的專家則說她的心智年齡只有八歲。報導說這個女孩以前曾與阿姨同住,在充滿支援的家庭環境裡「如花朵一般盛開」。這個悲傷的例子告訴我們,當親子間再自然不過的情感遭到扭曲,雙方是以冷漠麻木、發怒失控的互相防備來展現鏡像同理時,這樣有毒的親子關係會造成多嚴重的傷害。

幸好大部分的親子關係並不會變得那麼極端,但鏡像同理的作用依然明顯。舉例來說,抱持盡義務心態照顧孩子的母親,年老之後孩子同樣也是出於義務才照顧她們。

若要打破母子關係裡的這種互相對峙,雙方都需要改變,一方採取新做法,另一方則給予正面回應。改變這支親子雙人舞的過程相當複雜,我們會在最後一章討論,現在,讓我們先看看與情感缺席的母親一起生活會發生什麼事。

若要打破母子關係裡的互相對峙狀態,雙方都需要改變。一方採取新做法,另一方則給予正面回應。

6 那些欠缺母愛的日子
與失能母親生活的痛苦

許多欠缺母愛的人從未見過母親的完整面貌。摘下母親的面具，了解她的人生故事與形塑了她的各種力量，是療癒過程的一部分。

在我們心中，都有慈愛的「好」母親形象與凶悍的「壞」母親形象；我們所不了解的是，表面上看起來適任卻在情感上缺席的母親。這樣的母親大致能滿足孩子的生理需求，卻無法提供前面提過的「好母親」功能。

現在就讓我們來處理這件事。

那個戴面具的女人是誰？

有點年紀的人應該還對影集《獨行俠》有印象，每集最後都會有個人說：「那個戴面具的男人是誰？」這部戲的男主角只露出一種面貌，他從未脫下面具。

同樣地，許多欠缺母愛的人從未見過母親的完整面貌。母親有時

躲在自己的房間裡,有時躲在毫無表情的臉孔後面,有時她出門前會先「換上適當的表情」——比較極端的情況是母親在孩子心目中猶如人形立牌。

摘下母親的面具,了解她的人生故事以及形塑了她的各種力量,是療癒過程的一部分(請參考第十四章的頭兩個練習 P245)。

有時,不只母親的臉上戴著面具,父親還會為她再多加上一層隔閡。我想起一位母親,她有六個孩子,她丈夫經常警告孩子:「別惹媽媽生氣。」我進一步調查此事,發現沒有太多證據顯示母親需要父親提供額外的保護,但這給了她無須積極扮演母親的藉口。在這樣的情況下,母親變得愈來愈像瓷器櫃裡的瓷娃娃,而不是你能觸摸、嗅聞、互動的對象。

文化情境也是因素之一,尤其是一九七〇年代以前,大部分女性的觀念中都沒有不生孩子的選項,結婚生子是社會對女性的期待——不管她的個性是否適合做這件事。於是,不適合當母親的女性(包括當時與現在)就這樣成了母親,正如一名女性所形容的,她們是「不情不願的母親」,她們扮演其他角色會更加自在,例如職業婦女或文藝愛好者;照顧孩子不是「她們的事」(可能是不擅長、甚至不喜歡,她們無法樂在其中)。

相對的,當時的男性比較可以從這樣的社會期待中脫身。在我成長的過程中,除了養家活口,父親這個角色無須背負太多這方面的社會期待,就算他們天生不適合帶孩子,通常也看不太出來,因為他們對育兒的參與程度很低。近年來,父親參與育兒的程度大幅提升,很多孩子將會記得父親為自己提供了基本的照顧和撫育——包括我在第二章介紹過的好母親功能,孩子因而有機會看見父親的更多面貌,長大後才問「那個戴面具的男人是誰?」的可能性自然比較低。來自父親的良好照顧向來有助於填補情感缺席的母親留下的缺口。

來自父親的良好照顧向來有助於填補情感缺席的母親留下的缺口。

感受不到被支持的力量

　　我訪談過的很多讀者與個案在看完我列出的母親功能後，都表示他們的母親連一項都沒做到——缺席的母親彷彿徹底消失蹤影。接下來，我會分享我在研究和臨床經驗中的發現。

　　如果母親提供的基本生活觀念少之又少，她們的孩子長大之後，很可能會對於如何建構一個家庭或日常生活節奏一無所知。客廳裡該擺放能坐下來休息的家具嗎？家人或許會一起上桌吃晚餐？孩子有固定的上床時間嗎？對這樣的孩子來說，這些事很陌生——他們的認知缺少了生活基本架構的觀念。

　　發展健康的自我意識需要一個基本架構，但當用來建立這個基本架構的互動並不存在或不夠好時，便會產生我們將在下一章討論的諸多問題。孩子發展自我意識的其中一個關鍵因素是鏡像同理 P049 ；可惜的是，情感缺席的母親幾乎無法鏡像同理。

　　這些母親沒有學過怎麼處理情緒，所以通常也無法容忍情緒，她們不知道該怎麼應付孩子的眼淚，有時甚至會態度凶惡地對他們說：「不要哭，否則我就讓你哭得更慘！」在其他時候，母親不會因為孩子表達感受而直接羞辱他們，但她忽視他們的情緒，認可他們壓抑悲傷或「脆弱」的感受。

　　此外，有些母親的讚美與鼓勵通常都是有條件的，孩子必須做了母親重視的事（最常見的情況是課業表現優異）才能得到讚美，而鮮少因為自己的特質獲得讚揚。不成熟或自戀的母親通常看不見也不欣賞跟她自己不一樣的特質，這樣的母親會在孩子模仿她或順從她的意見時獎勵孩子，不會積極支持孩子獨有的個體性。

　　通常在孩子的記憶中，冷漠的母親在孩子生病的時候給予最多關注，但即使是在生病的時候，許多孩子依然沒有母親溫柔撫觸和擁抱

的記憶。有些人記得母親的撫觸很冰冷、純屬功能性，有些人只記得母親遠遠站在門邊、一臉擔憂。

與我們理想中母親的支援比起來，欠缺母愛的孩子得到的支援微乎其微，就好像打開食物櫃一看，櫃子裡幾乎什麼也沒有。

失去生活或人生的引導

欠缺母愛的孩子幾乎完全沒有得到的另一種關鍵協助是引導。好母親的責任之一，是教導孩子如何處理困難且稍微超出他現有能力的任務，她會幫助孩子評估自己現有的能力，判斷這件事是不是太難，以及如何放棄；她會依據孩子的能力調整任務。

如果我們沒有得到這種指引（也沒有透過其他方式學會），會很容易感到不知所措。其中一種反應是碰到困難就直接放棄，不願嘗試；還有一種反應是在沒有事先做好準備、也沒考慮自己的能力限制時貿然行事，而忽略了自我照顧。

想像一下：母親在孩子參加夏令營之前協助孩子一起打包行李；母親在孩子選課時提供建議，以免選太多課造成負擔……好母親會教導孩子如何調整難度，把需求和限制（例如疲勞、壓力、飢餓等等）都納入考量，在我們貪心地想做太多事情時，好母親會說：「這樣太多了，寶貝。稍微放鬆一點。」

我現在所描述的母親是「人生導師」（提供適切協助）P053 與「調節器」（以免孩子不堪重負）P046 的綜合體。若我們小時候得到足夠的引導，或是從母親那裡學會如何照顧自己，就會懂得問自己：「跨出多大一步才是剛剛好？怎樣算是太大步？」我們會知道自己必須怎麼做，才能跨出更大的一步。

有位女性說她母親教過她做一些事，例如怎麼做沙拉、怎麼洗

碗，但是關於如何「過日子」卻什麼也沒教，例如怎麼與人對話、怎麼與人建立交情、怎麼管理情緒等重要能力；這樣的母親似乎不想扮演人生導師的角色，或是至少對扮演這個角色沒有信心。

還有一位男性說他的母親不介意偶爾提供建議，但除此之外她似乎不太願意卷入任何事當中，或許是因為不敢窺探別人的事。所以，她從不會張開雙臂，主動邀請孩子來找她解決問題或需求。

然而，母親有責任為孩子打好基礎（這裡指隨時引導孩子來向她尋求協助），而不是期待孩子光憑直覺就知道何時能向母親求助。

媽媽的心裡沒有我

有個問題我在訪談時一定會問：「如果能讓母親擁有一項她不具備的特質，你希望是什麼？」最常出現的答案與建立情感連結的能力有關。大致上，他們都覺得小時候欠缺情感連結，不過有些人坦言，母親似乎不與任何人建立情感連結。

欠缺母愛的成年人十有八九不記得小時候曾與媽媽親近過，不記得被擁抱、被慈愛的眼神凝視，或是在重要時刻獲得情感上的滿足。情感上的滿足指的是：感受到他人觸動你，使你知道他們對你感同身受；他們知道你經歷了什麼，也知道這件事對你的意義。通常來說，我們可以從對方展現同理心或鏡像同理的回應，知道對方能否體會我們的感受。別人不可能百分之百了解我們的遭遇，但我們希望對方至少願意試一試，我們希望他們關心我們的遭遇；如果對方敷衍、質疑或告訴我們這並不是我們的實際感受，我們會覺得孤立無援。

卡羅描述了六歲時發生的一件事，有幾分鐘的時間，她的生命面臨危險，但是她成功逃過一劫；沒想到，當她告訴母親這件事，母親卻說那並不危險，彷彿她的說詞並不可信——她母親錯失了卡羅生命

情感上的滿足指的是感受到他人對你感同身受，他們知道你經歷了什麼，也知道這件事對你的意義。

中的一個重要時刻，其實當時她完全可以給卡羅一個好母親訊息，例如：「妳既聰明又勇敢，我很高興妳平安無事。」她本有機會讓卡羅感受到被珍視，知道自己是被愛的，但最後這件事留給卡羅的感受，是她不相信母親會支持自己。

無法建立情感連結的母親都不是溝通高手，她們不僅錯失類似前段描述的機會，就連孩子主動想要溝通，她們也不會回應。有位女性曾在母親的枕頭底下放了一封剖白內心的信，希望能多少開啟母女之間的溝通大門，可是母親一次也沒提過那封信。

對充分感受到愛的人來說，在聽見有人完全沒有童年時期和媽媽親近與情感連結的記憶時，可能會很震驚。我遇過很多這樣的個案，而且數量多得嚇人；這件事之所以如此難以想像，是因為它與我們對母親的集體印象背道而馳。

機械媽媽——她好像沒有人類的心

在我們眼中，情感缺席的母親似乎不太像人類。有位男性說，他覺得他的父母很像雕像，他們不太像真正的人類，另外也有人說過看不到媽媽有人類的心，媽媽好像「假人」。

奧瑪告訴我，她記得母親是一個人類，也記得母親的身影，但是她完全沒有與母親互動的記憶。奧瑪覺得母親對她視而不見，彷彿她並不存在；她待在後院的樹屋裡比待在母親身旁還要自在。我認為，這是因為奧瑪的母親沒有為她們的互動注入現實感。

許多這樣的母親都把心思放在他處，她們住在自己的世界裡。這種情況不會是常態，或許只會持續幾年，我懷疑這與未解決的創傷、痛苦和憂鬱有關。

假使母親在情感上缺席，她自然就不會跟孩子的需求同頻，這裡

的需求包括孩子的特定需求與一般需求。我提過孩子共有的特質：發展尚未成熟，技能低下、依賴他人、需要很多關愛與擁抱，以及需要保護、指引與教導等等。但我發現，對這些「機械媽媽」來說，孩子完全不必體驗世界，這些媽媽（通常是父母雙方）似乎比較喜歡把孩子當成小大人，不把他們當成小孩，認為孩子不可以發出巨大聲響、跑跑跳跳、亂七八糟，孩子對親近感的需求幾乎總是遭到拒絕。

　　有時候，母親顯然不在狀態內，但更糟糕的情況是：表面上看起來適任的母親做了許多自認身為母親該做的事，但孩子卻感受不到母親的存在與同頻。有些母親甚至以為自己開心地勝任母親的角色，其實只是因為她們對母親有截然不同的定義！她們把重點放在孩子吃飽穿暖、教育，以及不要讓家庭衝突出現在孩子眼前。

　　許多家庭都被迫維持家庭和樂的假象。有個案例是父親不斷告訴孩子他們有個好母親，但其實母親大多數的時間都躲在房間裡，逢年過節等重要時刻才不得不走出房間，以維持幸福家庭的表面形象。

　　這樣的孩子雖然從小到大都相信母親愛著自己，卻從未感受到被愛，尤其是當母親特地為孩子付出的時候，例如參加班親會或偶爾舉辦生日會時，孩子可能會非常困惑。孩子無處可去，只能依賴父母，所以經常把不被愛的感受從意識裡趕出去，直到成年後，這種感受才會在心理治療、自尊心危機或感情出問題時爆發。

　　雖然有些母親後來懂得如何建立情感連結，但仍屬少數。比如有位母親看到報紙的諮商專欄說母親應該對孩子說「我愛你」之後，對（現在已是中年人的）女兒說「我愛你」。

　　一如我們所料的，情感淡漠的母親與孩子的肢體接觸不多，導致孩子若不是對肢體接觸充滿渴望，就是排斥肢體接觸。通常來說，排斥肢體接觸的母親要到年老之後，當她已得到療癒的孩子主動製造溫情時，才會開始與孩子肢體接觸；有時，母親會在喪偶、孤單、需要

更多支持的時候主動接觸孩子。大體而言，機械媽媽往往要到了晚年才終於變成人類。

有人照看我嗎？有人在乎我嗎？

在許多個案身上，父母呈現的形象大多是「極度抽離」──母親和父親都是缺席的。

其中一種情況是明顯缺乏看管。我聽過有的孩子僅僅兩歲就自己出門，不到三、四歲更是常見的情況；他們自己從學校或附近的店鋪走路回家，也經常在大人的要求下，做一些現在多數人認為不適當或很危險的事。例如八歲的孩子自己去看牙醫，牙醫打電話給母親時，母親還以為是孩子在牙醫診所不聽話──她不認為八歲的孩子自己去看牙醫，對孩子來說是難以承受的事。

有些抽離的父母似乎不在乎或不想知道孩子在做些什麼。有一個青春期的男孩把自己要去哪裡、做什麼告訴母親，母親卻回答他：「我不在乎。」

孩子（尤其在青春期時）喜歡這種不用向大人報備的自由，但是這種做法是有代價的，兒童與青少年的判斷力尚未發展成熟，不一定能做出明智的選擇，何況，沒有人規範他們行為的感覺，就像沒有人真的在乎他們。巴比從腳踏車上摔下來，傷口需要縫合，母親於是對他下了短暫的禁足令，不准他出後院，他發現他滿高興自己遭到處罰，因為這是他第一次感受到母親的關注。

在許多這樣的家庭裡，對話幾乎不存在，雖然有最低限度的功能性溝通，但不會討論孩子的活動和朋友。與之相反地，有些家長會跟孩子聊生活中的方方面面，他們了解孩子的喜怒哀樂、希望與恐懼，在孩子缺乏信心時提供支持，孩子再小的成就也會獲得讚賞。

父母的漠不關心其實就是忽視，不是生理方面忽視孩子的飲食起居，而是情感方面的忽視。欠缺關懷與情感照顧，會留下深刻的傷疤。家裡沒有玩具，孩子沒有被當成孩子看待，父母把孩子當成陌生人，這些都是嚴重缺陷。

跟疏離的母親一起生活，尤其是連父親也疏離或情感缺席的話，孩子會有一種獨自生活的感覺。

■ 你的母親在哪些方面對你展現關心，哪些方面漠不關心？
■ 父親在家時有沒有展現鏡像同理，還是屬於不同的模式？

媽媽不知道我需要什麼

我發現情感缺席的母親異常的「粗心」，對她們可能在孩子年幼或年紀稍長時出現的問題中所扮演的角色一無所知。

有位中年女性最近告訴母親自己的童年很不快樂，母親回她說：「如果當初我們知道妳那麼不快樂，我們會讓妳吃藥。」這樣的回答或許傳達了些許支持和關懷，也反映出主流文化對於心理健康問題的處理方式，卻完全忽略了她真正需要做的可能只是表達更多關愛（或是好母親的其他功能）。我認為，這些母親之所以忽略這一點，是因為在她們心中，她們確實愛著她們的孩子，也就是說，這些母親只是不知道怎麼用孩子感受得到的方式表達愛。

媽媽拒絕我的求助

我們都知道活在這世上難免碰到糟糕的事，因此為了能安心地存在，我們也需要相信這世上有可以求助的地方。

父母的漠不關心其實就是忽視。欠缺關懷與情感照顧，會留下深刻的傷疤。

我在「母親是基地」 P057 描述了母親是我們可以尋求保護、幫助與撫慰的基地，然而，對欠缺母愛的人來說，情況顯然並非如此，我訪談的對象之中，沒有一個人記得自己向母親求助時曾得到滿意的回應，他們大多很早就學會不向母親求助。有位男性記得小時候每次向母親提出請求，她都會反問：「你要這東西幹嘛？」這樣的孩子會覺得求助是自找麻煩，他們覺得母親不想被打擾。

我還發現一個很令人不安的模式——就算孩子已經長大成人，母親依然無法回應孩子直接了當的求助。我訪談過許多欠缺母愛的人，他們當中有很多人都是在剛成年不久心理健康就出了問題，並且需要協助。

比如說娜歐米，她有次在母親家接到精神科醫師的電話，掛了電話之後，她告訴母親：「我很憂鬱。我需要幫助！」母親說：「妳不需要幫助，泡個熱水澡就好了。」還有一位母親在二十二歲的兒子透露自己正在看精神科醫生之後，只是不發一語地走開。

瑪格麗特年輕的丈夫住院了，他們的處境陷入極不穩定、充滿壓力的狀況，她因而詢問父母她能不能暫時跟他們同住。父母拒絕了，導致往後數年親子關係既緊張又疏遠，瑪格麗特也因此決定再也不向父母求助。

另一名女性詢問她看似能幹的母親，如果自己真的非常、非常需要協助，母親是不是一定會伸出援手，她得到的回答是：「我要想一想。」當然，母親後來也沒有為此提出任何承諾。這與她婆家形成強烈對比，他們面對任何需求的回應都是無條件的「我們挺妳」。

遺憾的是，我們看見有的母親認為孩子的問題微不足道、有的母親否認眼前正在發生嚴重的問題、有的母親因為孩子有問題而施加羞辱與責備，有的母親則是冷漠地視而不見⋯⋯更複雜的是，有的母親會因為孩子沒有向她求助而勃然大怒。

十五歲的雪倫偷偷跑去墮胎，母親發現後質問女兒；她或許覺得很受傷、很可恥，她的反應是生氣，而不是表達自己對雪倫的關心。她沒有問雪倫這件事是怎麼發生的、為什麼會發生，她顯然不高興雪倫沒有向她求助，但她沒有問雪倫為什麼不願意告訴她。雪倫看似終於有機會感受到母親的支持，但是最後只換來一頓責難。

　　孩子知道自己可以請求母親滿足需求和解決問題，這樣的基礎很早就形成了；而母親不想知道、沒有時間和精神處理或幫助不大，這些感覺也同樣很早形成。等到孩子進入青春期才想在他們面對巨大壓力時表達關心，通常能做的已經太少，時間也已經太遲了。

- 你曾在非常需要幫助的時候向母親求助嗎？她如何回應？這對你們的關係有何影響？
- （若母親仍健在）你現在會向母親求助嗎？如果不會，為什麼？

　　假使母親無法提供基地，一個能夠安心回去的地方，孩子將來會覺得自己彷彿沒有母親。

明明有媽媽，卻像沒有媽媽

　　欠缺母愛的孩子經常覺得自己好像沒有母親，問題是他們明明就有，所以情況才會如此複雜，他們感覺自己沒有母親，而實際上這個人是存在的──一個被世人稱之為母親的角色。如何調適這種「感覺沒有母親」但「實際明明就有」的衝突感受，是欠缺母愛的成年小孩要面臨的挑戰之一，如果否定這種感覺，等於是又一次遭到遺棄。許多心理治療都是在引導人們學習回應這種感覺。

　　這種感覺有時被稱為孤兒情結或孤兒原型，這是一種沒有父母也

沒有愛的感覺，一種全然孤獨的感覺。這種感覺經常會被深深壓抑，因為那實在太過痛苦——少了父母和愛，孩子的生存備受威脅。有個成年人坦白說出自己長期壓抑著的感覺：<u>我可能會因為缺愛而死。</u>

榮格分析師蘿絲・艾蜜莉・羅森伯格（Rose-Emily Rothenberg）在寫到孤兒原型時曾提到揮之不去的自卑感，以及一種需要支持的感覺，「他（孤兒）覺得自己『受傷了』，他需要照顧，而且是愈多愈好。」她描述了一種模式：依賴並緊緊抓著任何代表母親的保護與安全感的事物與人。

其中一種表現方式是對愛非常渴望，以至於不願放棄一段深陷虐待或令人不滿意的關係，因為渴求的感覺強烈到他們無法斷然離開。由於沒有備受關愛的內在參考點，所以他們經常會覺得「有總比沒有好」，但另一方面，有些人則覺得過著沒有愛的人生，比靠近那道傷口更輕鬆（也更為熟悉）。

這種對撫育的渴望往往超越了夥伴關係本身，而且非常微妙，例如難以拒絕給予自己正面關注的任何人。有很多年的時間，我認為只要別人對我好，我就不能離開他們。漸漸地，我才意識到情感滋養並不是那麼罕見的東西，而我可以決定自己在一段關係中的去留，一次善意的行為不等於一份終生契約。

有些人則會用食物解決這種情感渴求，企圖以身體的滿足來取代情感的滿足，不過，或許因為這種做法根本是緣木求魚，他們從未真正感到滿足。有位女性知道自己是在利用食物滿足情感渴望和紓解壓力，她認為情感渴求是肥胖症流行的推手。事實上，許多欠缺母愛的人都曾罹患飲食障礙和暴飲暴食。

以下的問題有助於探索情感渴求：

- 你是否曾經覺得自己「像個沒有母親的孩子」？

- 你對愛的渴求以怎樣的形式出現？
- 你如何掩飾自己對愛、支持與保護的渴求？

找不到人生的定錨點

　　與某個地方有關聯的感覺，是人生的重要定錨點，活在這世上卻少了定錨點，我們可能會感到無依無靠、迷失茫然、不踏實。有些人會用在黑暗的太空裡漂浮來形容這種感覺，就像太空人的繫繩斷掉了，有些人則說很像在海上漂浮的船隻殘骸。如果不努力改變，這種感覺通常一輩子也擺脫不了。

　　沒有溫暖的母親做為定錨點，我們或許無法擁有完整的現實感（心理學稱之為類分裂防衛機制）。我們很可能無法與身體的感受完全同步，甚至覺得自己不像人類，比較像外星人；我們可能會一輩子飄飄蕩蕩，不屬於任何群體，也沒有任何穩固的情感連結。

　　被「心不在」的母親照顧的寶寶會找不到定錨點，進而失去跟自己身體的連結（就像前面提過跟著母親一起進入解離狀態的寶寶那樣 P094 ）。如果你沒有與身體同頻，就無法判斷自己什麼時候肚子餓、什麼時候吃飽，你不知道身體想要或需要什麼，因為你不住在身體裡，這會造成飲食障礙，甚至會導致事故與疾病。

沒有母親，就沒有自我

　　我在為這本書命名的時候，曾經考慮借用南西・弗萊迪（Nancy Friday）的知名著作《我的母親，我的自我》來玩個文字遊戲——追本溯源，其實她這個書名的意義十分的簡單明瞭：沒有母親，就沒有自我。

我們與母親的關係，對身為孩子的我們如何體驗自我深具影響力。遭受父母虐待的孩子經常將拒絕和批評內化，心中充滿自我懷疑、缺陷與羞恥，他們通常具有自我意識，但自我已受損殘缺。如果家長忽視孩子、情感淡漠或在情感上缺席——尤其是從孩子很小的時候就開始，孩子便沒有足夠的情感回饋好將他們脆弱的自我給凝聚起來，以至於覺得「我」並不存在。

<u>無感生出無感，冷漠生出冷漠。沒有母親，就沒有自我。</u>

或許欠缺母愛也有好的一面。認同母親而且無法個體化的孩子會一輩子跟隨母親的腳步，跟這些孩子比起來，欠缺母愛的孩子雖然少了這樣的情感連結，但只要進行必要的心理治療，他們有更多自由去親手塑造自我。

我們將在下一章討論情感缺席的母親會造成哪些影響，包括前面提過的非刻意忽視孩子的母親，以及較具威脅性的母親。

當孩子被情感忽視或情感虐待
童年逆境的長期影響

童年的情感忽視與情感虐待很難完全切割，兩者之間的界線漸趨模糊，很難一眼看清。

上一章，我們討論了與情感缺席的母親一起生活的情況。本章要更進一步探討情感忽視何時會演變成情感虐待，以及忽視與虐待之間的確切關係。

什麼是情感忽視？

情感忽視，是在孩子發展情感與健康的自我意識時，沒有去滿足孩子的合理需求——前一章〈那些欠缺母愛的日子〉所討論的，正是這種忽視。

本書的第一版說明了無所為之罪與有所為之罪的差別，而情感忽視屬於前者。

心理學家鍾妮斯・韋伯（Jonice Webb）也從事相關研究，她同樣使用這兩個名詞，並指出「情感虐待是父母施加在孩子身上的一種行

為，情感忽視則剛好相反，父母什麼也沒做。一種是父母虐待孩子，一種是父母對孩子視而不見。」

這樣的對比既明確又簡單，通常足以區分這兩種情況。可惜人生並非總是如此黑白分明，舉例來說，母親沒有給你食物是一種無所為之罪，但它也可以被視為刻意不提供和懲罰，如此一來就是有所為之罪。那麼，這兩種情況也適用於情感層面嗎？假使你躺在母親臥室門外嚎啕大哭，母親不理你，這種「不回應」屬於作為還是不作為呢？碰到這種情況，我們需要第二套標準。我們需要了解作為或不作為背後的「為什麼」──父母造成的痛苦是出於刻意還是非刻意？

讓我多加一個條件：非刻意忽視是因為父母無知或疏忽才沒有提供照顧。

我們可能會忽視自己的健康、財務狀況、家庭，甚至是孩子。雖然這可能造成嚴重後果，但是非刻意忽視並未心存惡意；母親的確可能不知道孩子需要感受到關愛、也需要被聆聽。那麼，有沒有一種忽視，雖然不小心造成了傷害，卻也無法被視為意外而得到原諒呢？比如說母親太累了，沒有起床照顧哭泣的寶寶？或是忙著規劃社交生活所以沒空聽你說話──即使你最好的朋友過世了，而你正在經歷人生中第一次喪友之痛？她疏忽了哪些她應該重視的事？

童年的情感忽視與情感虐待很難完全切割，兩者之間的界線漸趨模糊，很難一眼看清。

情感虐待有何不同？

虐待不是出於意外或疏忽。虐待是刻意去做（或不做）某件事，而且事前就知道這會造成對方情感上的痛苦。

常見的情感虐待手段包括嘲笑、怒罵、責怪與羞辱，而且不是只

在母親生氣的時候，她也可能用日常的語氣，或甚至用輕鬆隨意的方式，在你朋友或她朋友面前說出這些話。

除了殘酷嚴厲的言詞之外，也有非語言的情感虐待。不跟孩子說話（難以界定是作為或不作為）；仇視的目光；損毀孩子自我意識、自我效能或自尊心的行為；蓄意破壞孩子的成功機會⋯⋯這些都算得上是情感虐待。

雖然從「情感」二字就知道我們討論的不是身體上的傷害，而是情感上的傷害，但是傷害的手段也包括物質手段，我就曾聽過青春期的女孩被迫穿上骯髒、破舊、不合身、不適當的衣服，因此承受巨大的羞辱。此外，讓孩子因為性別而感到丟臉，或是故意把孩子暴露在可怕的、難以承受的情境裡，都是一種情感虐待。

威脅要遺棄孩子也是情感虐待，「我要把你丟去孤兒院」或「你再這樣我就不要你」，諸如此類的威脅都在傳達母親的存在並不可靠。對年幼的孩子來說，他們依賴母親而生存，所以這些威脅會使年幼的孩子心生恐懼，事實上，年紀稍大的孩子也會被這種威脅所控制（這正是威脅的目的），強化非安全型依附與整體的不安感。威脅要遺棄孩子，就是情感上的遺棄，而這種威脅的意思是：「你不能依賴我。」這是刻意的作為，而且會造成心理創傷，因此是虐待。

殘酷的母親知道你最脆弱的地方，有時候會刻意狠踩。她知道怎麼點燃你的羞恥感，羞恥感是最痛苦的情緒，那是一種認為自己是錯誤的、糟糕的或根本上有缺陷的感覺；讓一個人感到羞恥就是讓對方覺得自己錯了或很糟糕（不只是對自己的行為有罪惡感），這也是一種情感虐待。

在我的觀察中，遭受童年情感虐待的人也會遭到情感忽視，但是反過來就不一定了。

情感缺席的母親如果是心思不放在孩子身上的類型，不會像情感

讓一個人感到羞恥就是讓對方覺得自己錯了或很糟糕，這是一種情感虐待。

虐待的母親那樣心懷惡意，也不會刻意傷害孩子，她們的情況屬於情感忽視，不是虐待。情感虐待的母親之所以如此殘酷，部分是因為對孩子欠缺情感連結與同理心，這種斷裂也意味著情感忽視必然存在。無論是虐待或忽視，這些母親在情感上都沒有與孩子同頻，也對良好的育兒方式毫無意識。

要辨識怪物母親的缺失比較容易（但是依然很難），但要從和藹但笨拙的母親身上發現瑕疵比較難。

情感忽視與虐待如何毀掉一個孩子？

情感忽視與情感虐待都極具破壞力，我們不可能認為它們沒那麼糟糕，除非我們對它們的存在徹底視而不見——它們就是那麼糟糕，只是我們通常得花一點時間才有辦法正視這一點。

童年經歷過情感忽視或虐待的人通常會淡化自己的遭遇，他們會說：「至少我沒被打，所以也沒什麼好抱怨的。」美國心理學會發表的一項研究發現，「遭受情感虐待與忽視的孩子面對的心理健康問題，與遭受身體虐待或性虐待的孩子很相似，有時甚至更嚴重。」他們發現，心理上受虐的孩子在焦慮、憂鬱、自尊心低落、創傷後壓力症候群與自殺傾向的比例，跟遭受身體虐待或性虐待的孩子差不多，甚至更高。

當嬰兒被極度忽視，足以危及生命，被剝奪早期互動的嬰兒會欠缺進入人類世界需要的架構或腦部刺激；極度忽視可能會讓孩子漂浮不定，與自己的身體脫節，不知道自己是否存在。情感虐待則是以不同的方式摧毀你的靈魂，被自己依賴的人鄙視或甚至憎恨，這種感覺實在難以想像，如果你的母親屬於此類，你或許曾經覺得自己的人生隨時都會像燭火一樣輕易地被掐滅。

遭受情感虐待與忽視的孩子面對的心理健康問題，與遭受身體虐待或性虐待的孩子很相似，有時甚至更嚴重。

極端的情感忽視與情感虐待會徹底破壞健康人生的任何基礎（健康的人生並非遙不可及，只是你必須重新打造基礎），至於破壞的程度有多大，則取決於是否具備以下幾個緩解因素。

我在「為什麼有的孩子會受更多苦？」 P099 討論了個性脆弱與強韌的個別差異，這個因素能解釋為什麼每個人對這種早期創傷有不一樣的承受力。

另一個重要因素是情感虐待或忽視的程度。愈是被同一種方式持續對待的孩子，傷害就會愈深刻，偶爾虐待當然也會剝奪孩子的安全感，但持續虐待會讓孩子還來不及恢復安穩就再次被打倒。忽視也一樣，跟母親在孩子小時候長期缺席相比，母親在情感上暫時缺席（例如在孩子年紀稍長時或母親住院）造成的傷害會比較小。

第三個緩解因素是生活環境裡的其他因素。有沒有人能抵銷母親的傷害行為？有沒有另一個家長般的角色？如果有，他們是發揮了緩衝作用、提供支持還是無濟於事？我經常聽到的情況是憤怒的母親嫁給爛泥般的男性，父親雖然不會施虐，但是他們不會在母親施虐時保護孩子，因此算是忽視。此外，母親會不會（或許出於嫉妒）干擾孩子與其他成年人建立情感連結呢？沒有安全感的母親經常這麼做。

有沒有兄弟姊妹也是一個影響因素，手足有時與你共享同一個獨特世界，可成為風暴中的港灣（雖然你們一樣脆弱無力），但有時手足也參與施虐；手足參與施虐是一個危險信號，意味著家庭系統出現了嚴重問題。對孩子差別待遇與家庭任務分配不公，會使兄弟姊妹很難以平等的關係建立聯盟，有時候，母親會挑起手足之間的競爭或對立，還有時候，手足會為了自身的生存設法逃離傷害──可能是躲在自己的房間裡或乾脆逃出家門，我們還聽過，有的孩子會用沉浸在書本或遊戲裡的方式逃避家裡的混亂，當手足選擇以這種方式消失時，可能會加深孩子的孤單與被遺棄的感受。

在理解每個人的個別情況可能有多麼不同之後,接下來要請大家注意的,是情感忽視與情感虐待的常見影響。

童年情感忽視的十五大影響

讓我們先看看情感忽視的長期影響。欠缺母愛的人會碰到的問題並不令人意外,它們顯然跟欠缺好母親功能有關。

以下是十五個常見的問題:

自我價值與自尊心出現缺口

欠缺母愛的人感受不到自己是有價值的,「沒有被看見」的感覺尤其強烈。他們沒有獲得鏡像同理 P049 ,也幾乎沒有得到支持與鼓勵,而且幾乎每一個人都沒有被愛的感覺(即使他們可能在理智上相信母親是愛著自己的)。

孩子最常用來解釋這種情況的想法是「我不重要」或「我一定有問題」。通常來說,他們欠缺發展健康自我意識的核心基礎。

覺得自己沒有足夠的支持

欠缺母愛的孩子所得到的支持不多,這導致他們的自信心較低,內在支持也比較少,因為他們沒有好母親可以內化。

感受不到支持通常會表現為缺乏安全感和前進的動力:碰到困難時,你可能會直接崩潰;才剛進入正常的學習曲線(個體學習、實作表現的曲線圖)就承受不住,心中湧起不願面對挑戰的感覺。

特別「自給自足」的人可能感受不到這種支持的欠缺,因為他們早就學會了孤軍奮戰,但若是適當施壓,這層防衛就會瓦解,對支持的需求也會顯現出來。

難以接受和主張自己的需求

　　欠缺母愛的人通常會把需求當成禁語，因為這與他們的需求未曾被滿足，或是母親因為他們的需求而轉身離開的痛苦記憶有關。對這樣的孩子來說，需求通常是羞恥感的來源，是必須藏起來的東西，但他們可能沒有意識到自己一直抱持著需求是一種負擔的想法。

　　如果你不覺得滿足需求是你的權利，也不期待別人會回應你的需求，你就沒有辦法主張自己的需求。事實上，若母親沒有在情感上回應孩子的需求，有些人長大後幾乎完全無法在有需要時向人求助。

情感養分不足，充滿渴求

　　許多欠缺母愛的人都覺得，自己仍在努力填補小時候沒得到的愛（見「明明有媽媽，卻像沒有媽媽」 P113 ）。

　　成年之後你或許會偏向癡迷型，仍在尋求情感依附，而不像有些成年人試著否認自己對愛的需求，切斷擁有親密情感的希望。有時候，他們會左右搖擺，一端是幾乎或完全不需要親近感，另一端則是極度渴求愛；就依附類型來說，這種情況屬於混亂型依附 P068 ，說不定這正是你此刻的感受。

難以接受愛和維持親密關係

　　欠缺母愛的人經常對愛充滿渴求，但是這並不等於他們可以輕易接受愛，因為高度緊張與防衛心態會形成阻礙。親近另一個人意味著展現脆弱、需求與感受；偏向自給自足型、逃避型依附 P064 的人尤其難以做到。

　　欠缺母愛的人也欠缺親密關係的參考點，他們對於需求獲得滿足的期待比較低，如果在最初奠定基礎的人際關係中沒有獲得支持，長大後便很難相信別人真的會支持自己。還有很多人覺得自己不值得被

若母親沒有在情感上回應孩子的需求，有些人長大後幾乎完全無法在有需要時向人求助。

愛（有時他們並沒有意識到這一點）——他們認為，如果自己值得被愛，母親肯定會愛他們。在這當中，個性比較依賴的人或許會因為太黏人而嚇跑別人，還會因為另一半沒有提供他們渴求的完美愛情而生氣，他們的憤怒會把人推開，不斷複製這種得不到愛的模式。

寂寞和欠缺歸屬感

感受不到家庭的重視，會產生一種局外人情結，這會使你渴望成為團體或社群的一分子，卻又因為陷入相同的情境而感到矛盾不安。很多人會懷疑這世上究竟有沒有一個能接納他們的所在，這種長期孤獨源自童年沒有感受到被愛。

不知道如何處理感受

在度過童年的家裡，孩子若無法自由表達各種感受（或是只有失控的父母才能自由表達感受），以及母親沒有幫助孩子學會如何調節或傳遞感受，都有可能在生活的重要面向製造缺口。對許多人來說，學會辨識感受而不是藉由上癮行為發洩感受，一直是他們主要的治療課題；這些一直在壓抑感受的人，必須學會如何允許感受出現，並把感受的週期走完。

無所不在的匱乏感

欠缺母愛的人不一定會有匱乏感，但是這樣的人並不少，剝奪感可能深刻烙印在意識裡，致使它成為你的人生視角。你或許會覺得擁有再多的錢、再多的愛、再多的喜悅都不夠，而不習慣接收愛還會使這種匱乏感更加複雜。若你的母親在心理十分吝於給予情感，通常你也會變得跟她一樣，無法慷慨地給予和自在地接受，於是，你遺傳了她在這方面的吝嗇（同時也繼承了她的匱乏感）。

掙扎感

對許多欠缺母愛的人來說，人生很難，維持生計、戀愛或只是單純地感覺正常，都要苦苦掙扎。前文提過孤兒院的寶寶有生長遲緩症候群 P086，這裡的掙扎感是另一種版本的生長遲緩症候群。

憂鬱

憂鬱是許多人尋求心理治療的起點。憂鬱與失去、剝奪、需求未獲滿足、缺愛、自尊心遭受打擊、未消化的痛苦與失望、悲傷、欠缺支持等因素息息相關。憂鬱也是重大育兒缺陷的線索之一，尤其是當它從童年時期就開始，或是家裡有多個孩子曾在人生的某個階段感到憂鬱或有自殺傾向。

成癮行為

成癮，是人在面對尚未被消解的痛苦時經常會出現的反應，與沒有能力自我撫慰和調節情緒，或是身體因為內在的某個提示而躁動並產生反應有關。如果你處理不了這些情緒和感受，你會慢慢借助成癮行為（通常是一種能提供某種撫慰或麻醉的行為）把它們推開。

情感匱乏的人尤其容易出現與食物有關的成癮症。食物也經常跟母愛聯想在一起，所以不難理解為什麼有人會用吃東西來自我撫慰、遮蓋欠缺母愛所造成的缺口，當然了，用這種方式來滿足未獲滿足的情感需求，很容易演變成暴飲暴食與肥胖症。

力量被削弱

在這十五個問題之中，有許多都會帶來無力感，尤其是頭三個。如果沒有正面的自尊心、強力的內在支持、無法健康地主張自己的需求，我們很難感覺到自己充滿力量。除此之外，如果母親沒有積極支

持學齡前的孩子，沒有引導和讚美你逐漸提升的能力，你的自我效能感（指人們對自己能否利用自身技能完成某項工作的自信程度）可能會嚴重受損。不過，這個問題可能在更早之前就已萌生——寶寶的第一項任務是呼喚母親，如果母親不回應你的哭聲，便會使你產生一種非常深刻的無力感，因此，不常回應寶寶的母親，可能會嚴重妨害孩子相信自己擁有影響環境的能力。

沒有安全感

碰到對孩子來說並不安全的情況時，欠缺母愛的孩子常常得保護自己。如果小時候沒有母親的保護，你的神經系統可能會用超高警戒模式來彌補這種欠缺；要關閉這種超高警戒模式並不容易。

依附是年幼的孩子獲得安全感的主要媒介，所以非安全型依附也會削弱他的安全感。當孩子未能將好母親溫暖、撫慰的存在內化，就會缺少安心或安全感的來源。

完美主義與自我批判

假使母親不常給予愛或讚美，孩子會竭盡全力迎合他們認知中母親的想法。他們仔細檢視自己，為自己建立很高的標準，他們認為：「只要我表現夠好，媽媽就會愛我。」他們緊抓著這個希望直至長大成人。然而，為了贏得愛與尊重而努力，可能會使我們做得比預期的更好，但也可能更差。事事都必須做到最好的人既不允許自己失敗，也不願嘗試得花長時間學習的事，因此經常還沒開始就先放棄。

找不到自己真實的聲音，因而無法追求熱愛的事

少了擁護者或啦啦隊、鏡像同理和無條件的接納，要找到真實的自我表達會困難許多——忽視可能會導致孩子失去自我與人生。

不常回應寶寶的母親，可能會嚴重妨害孩子相信自己擁有影響環境的能力。

情感虐待帶來的更多問題

情感虐待的父母極少能與孩子同頻，遑論回應他們的需求，因此情感忽視的影響也經常出現在被母親情感虐待的孩子身上。這些孩子罹患憂鬱症與成癮症的可能性更高，想當然耳，安全感也會需要大量的修復。除了前面提過的十五個問題，曾遭受情感虐待的孩子也可能碰到以下幾種挑戰：

高度焦慮

焦慮是一種覺得事情不對勁的感覺，經常懷疑有壞事要發生。遭受過情感虐待的孩子心中充滿焦慮，原因並不難理解，以我的經驗來說，心中藏著許多未處理的情緒和焦慮之間亦有相關性——情緒不處理只會逐漸累積，製造出這種惶恐不安。

焦慮有很多種呈現形式，例如恐慌症、恐懼症或強迫症。焦慮通常會干擾睡眠，我有些個案不敢睡著，有些則是害怕自己會在睡眠中死去。焦慮也與緊張的行為有關，例如抓頭髮、過度擔憂或謹慎、暴躁易怒和焦躁不安。

焦慮和警戒令人難以放鬆，會使我們的身心失去許多維持健康的必要條件。

根深蒂固的逃避

假使你像許多遭受情感忽視或虐待的人一樣，沒有良好的情緒調節技巧，你就會花很多心力在逃避情緒的釋放上。你可能會因而不敢跨出去體驗人生，同時也逃避探索內在，這會限縮你的情感，使你住在自己的小世界裡。

此外，逃避也可能導致成癮症。

與身體疏離

情感受虐的孩子承受過很多身體上的嘲笑與嚴重忽視，跟受到情感忽視的孩子相比，他們跟身體更加疏離。對身體麻木不仁、羞恥，以及未處理的創傷，導致他們很難感受自己「住在」這副身體裡，這樣的脫節會讓身體感覺起來不太真實，彷彿它是由無生命的零件拼湊而成──你會覺得自己不是完整的人類。

健康惡化

對身體失去真實感，會影響身體的正常發展。身體與給予指令的各種能量脫節，或者從更實際的層面來說，對身體沒有真實感就無法回應身體的需求──如休息、補充水分、進食、運動等等。

沉重的壓力也會損害健康。大規模的負面童年經驗研究發現，童年的負面經驗與成年後的疾病之間有高度的相關性，免疫和神經系統（以及其他生理系統）在發育和需要支持的時候，反而承擔了諸多壓力，由於受到干擾，它們的運作效率大打折扣。

研究身體創傷經驗的人，都知道心理創傷由「身體承擔」（甚至有一本書的書名就叫「身負重擔」，作者是羅伯特・斯卡爾〔Robert Scaer〕）。我指的是：當我們對身體沒有完整的真實感與同頻，以及當身體在發展初期受到干擾時，重要的生理系統就會受到危害。另一種情況是身體一邊承受壓力，一邊透過生理症狀顯現心理機制沒有解決的壓力，比如說，心臟疼痛源自沒有解決的悲痛，聲音異常是因為壓抑無法揭露的祕密或「聲音」（個人表達）遭到否定。有時候這些症狀沒有明顯的病因，也找不到生理證據，但是症狀確實存在，並造成實質上的功能障礙（也就是身體症狀障礙症）。

基於上述種種原因，背負著沒有解決的早期人生創傷會導致健康受損。

很難信任他人

童年遭受到情感虐待，成年後的你會在心中預期自己將被傷害、利用、操縱、遺棄。你可能會覺得自己很脆弱，而不願推倒你築起的保護牆；當別人對你展現真誠的興趣時，你很難相信對方的興趣能持久，或是會懷疑對方別有用心；你害怕在你仰賴對方之後，他們會離開……對曾經受虐的人來說，人際關係往往意味著痛苦。

你可能會以幾種不一樣的方式，嘗試逃避這種痛苦。舉例來說：不讓別人靠近，或是隨時注意危險，有時也會用批判他人的方式保持距離——你或許會在感到脆弱和害怕自己太過依賴伴侶的時候，給對方列出一長串的缺點。

學習信任他人對你來說，可能會是一條漫漫長路。

在人際關係中被利用且不快樂

親子關係是人生的第一個人際關係，在親子關係中受虐當然會使你更容易與用類似方式對待你或給你類似感受的人打交道。你或許早已習慣用順從來降低他人的攻擊，甚至對攻擊逐漸麻木無感：那些會留在虐待關係中的人，通常都有童年受虐的經歷。

另一種可能的模式則是成為照顧者——像腳踏墊一樣為「被照顧者」過度付出，或是藉由付出一切不求回報使對方成為被照顧者。你犧牲自己滿足他人不合理的需求，永遠把自己的需求放在最低順位，這是因為你已經很習慣獲得極少的回報。你極度渴望人際關係，又不期待平等對待，因此你可能會吸引那些「需要觀眾」的人。

內在限制

延續童年遭受的剝奪感是常見的情況，其中一種情況是「我不被允許」擁有某些情緒、做決定或成功。

你或許已習慣用順從來降低他人的攻擊，甚至對攻擊逐漸麻木無感，會留在虐待關係中的人，通常都有童年受虐的經驗。

曾經有一位女性告訴我，她不被允許感到喜悅（不被允許表達憤怒很常見，但是她連表達喜悅也不被允許）；還有一位女性說，她沒有「資格」按照她想要的方式安排居家環境。再能幹的成年人，也可能因為父母不允許而覺得自己無能為力，進而裹足不前，有位女性就告訴我，她不被允許在二十幾歲或三十出頭生孩子，後來她花了很多年的時間、接受許多手術才終於懷孕，而她認為這與那種「不應該」的感覺有關。

此外，許多人很早就知道自己不被允許成功或超越母親。有位女性告訴我，她必須隱瞞自己在課業與事業上的成就，否則母親會打碎這些成就──獲得成就不能慶祝，只能偷偷藏起來，何其哀傷。這位女性的母親傳達的訊息很清楚：「妳永遠不夠好。」儘管她後來接受了高等教育並成為大學教授，母親依然不斷建議她去當祕書。

就算你衝破障礙獲得成功，依然可能受到殘餘的限制影響。一種是你可能覺得自己不夠好，或甚至認為自己只是個「假貨」。至於另一種，則是你會像你母親那樣，剝奪屬於你自己的成功，或許你使用的方式不一樣，可能是隱藏，也可能是微妙的自我破壞；在這種童年創傷的倖存者之中，有很多人比較常記錄自己的失敗而不是成功，因而得不到更有力量的自我形象。

內在加害者

每個人都有一個時不時跳出來的內在批評家，但那些從小到大經常遭受嚴厲批判的人，通常會有一個殘酷得沒道理的內在批評家。有的人認為，內在批評家的動機是保護自己（出發點很正面，但手法拙劣），但曾經受虐的人的內在批評家很瘋狂，甚至身兼加害者，有傷害你的意圖。通常這個內在加害者會用跟施虐的母親一樣的話批判你：「你很沒用、很肥、很懶、很笨，大家都應該知道。」

跟內在加害者或失控的批評家一起生活猶如身處地獄，你會不斷地遭受攻擊。

崩塌的自我

小時候被拒絕的人通常會把這種拒絕內化，於是他們跟自己格格不入，覺得自己沒有價值，可能也不會努力爭取。你或許不知道自己有資格獲得尊重、照顧，有資格好好照顧自己、有資格成長茁壯。

被厭惡的人會覺得自己對他人來說是不可觸碰的、有毒的，如果你覺得自己的存在令人厭惡反感，那麼你肯定不會挺身而出為自己爭取任何事情──以「拒絕」塑造而成的人生是崩塌的，還會造成自我傷害。

此外，若父母控制欲很強、掌控孩子的所有決定，你會覺得自己沒有資格為自己做決定。我想到一位中年女性，她認為決定自己的髮型是個激進的想法──她還未真正邁入成年期。

自我的崩塌是剝奪力量的一種延伸，許多曾遭受忽視的孩子長大後都有這種感受。

自我傷害

自我傷害的行為有輕有重，從自我破壞、缺乏自我照顧、割傷或燙傷自己等自殘行為，到自殺等等。

自我傷害背後的意義可能是：

- 加害者施虐的延續，現在已被內化。
- 覺得受虐是自己的錯。
- 扭曲地想藉由控制自己的一部分來端正自己的行為。
- 一方面表達羞恥感，一方面企圖控制羞恥感。

如果你覺得你的存在令人厭惡反感，你肯定不會挺身而出為自己爭取任何事。

- 表達自我憎惡。這種自我憎惡可能是從外在吸收的憎惡，也可能是內在壓抑的怒火轉向自我而形成的憎惡。
- 極度渴望感受到些什麼，或是想要變得麻木。

若你有自我傷害的傾向，建議你尋求專業協助來改變這種行為。

經常或持續解離

我在《創傷療癒》裡提到，解離的意思是並未完全存在於當下，最常見的情況是你與你的身體、感受或環境脫節 P094、115 。我們都會經歷輕微的解離，例如心不在焉地完成手上的工作，收回有意識的專注力等等，但對有創傷經驗的人來說，這種解離發生得更為頻繁、程度也比較深。

解離經常突然出現，它像神經系統的斷路器，在神經系統超載時切斷電源。當你覺得不堪負荷時，解離是一種緊急手段，但僅能發揮部分效果，因為解離狀態本身就會讓人感到不知所措：你會覺得大腦彷彿不是你的。當你處於嚴重的解離狀態中，你會非常茫然，也無法專注，連牛奶必須放進冰箱也不知道。

解離是面對壓力與威脅的後天反應，不是出於選擇或有意識的決定，而是不由自主的「我要馬上離開」，解離可能會持續幾分鐘或幾天，但有些人卻大半輩子都處於嚴重的解離狀態，對生活中重要的事（主要是自己的感受、身體、環境等等）麻木無感。構成心靈的零件可能互相分離斷開，程度嚴重的話會演變成解離症 P146 。

自我的碎片各自承載一段經驗的不同部分，如果這些碎片彷彿被各自包覆，碎片彼此之間隔著一層屏障，而無法共享其他碎片承載的經驗，那就會出現解離症。更詳細的內容可參考第十一章的「整合你的內在小孩」 P182 。

> 解離是一種緊急手段，但僅能發揮部分效果，因為解離狀態本身就會讓人感到不知所措：你覺得大腦彷彿不是你的。

有位女性與我分享襁褓期等待母親的感受：她在哪裡？緊接著出現一種分離與割裂的感覺，讓她覺得當下的自己不太真實。當我告訴她「是時候踏進來了」（意思是回到自己的身體與生活裡）時，她開始啜泣，「但是那種痛苦難以承受。」她發出抗議。

「那時候妳承受不了，」我向她保證，「但是現在有我幫助妳撐下去。」

失憶

對重大事件或部分的童年生活沒有記憶，在心理創傷裡很常見。不同於頭部受傷或其他生理因素造成的失憶，解離型失憶是忘掉太過痛苦的記憶，這是心靈的防禦機制，因為痛苦到無法忍受，所以「被消失」。這種防禦機制叫做潛抑。

關於這種現象，我們最熟知的應該是童年性虐待造成的失憶，尤其是發生在家裡的性虐待，不過，只要是情感上難以承受的記憶都有可能被遺忘。別人對你說過的可怕的話或你曾被威脅的方式，都可能嚴重到讓你覺得無法繼續正常地生活，因此，將這些東西丟出大腦攸關著生存。

無法判斷真偽

覺得自己可以區分真偽，是相信親身經驗的重要元素。假使你年幼時曾重複遭受情感虐待（尤其是施虐者否認或將虐待責怪於你），而且你沒有安全的地方能躲，只能躲進內在世界，你或許會因此覺得自己無法判斷真偽。你可能會懷疑：那件事真的發生過嗎？會不會是我想像到或夢到的？尤其是母親說這些事大多沒有發生，或是經常改變她自己的故事版本，這些都會動搖你的現實感。

前面提到的解離症也可能發生這種情況。該段提到的那位女性並

不理解她是獨立的存在，她一直覺得自己需要別人監督，需要別人觀察她的進展，需要別人看見她，否則她就「不存在」（不真實）。

對長期解離的人來說，存在於當下不是一件容易的事。主要的治療目標是讓自己變成「真實的」。

過度敏感

沒有安全感與父母施加情感虐待的童年，會導致受害者對批評、拒絕和遺棄過度敏感，並且對可能的危險時時保持警戒。過度警戒，加上脆弱的自我界線（因為自我界線沒有完全發展，或者是被侵犯打破），可能會造成一種情況：你能感受到他人的情緒與動機。

如果一個人無意識、非自主且頻繁地發生以上情況，我們通常會稱他為「共感人」；你可以把它想像成同理心過度旺盛。這會造成許多問題，包括：共感人經常誤把別人的經驗當成自己的，他們不知道自己為什麼這麼生氣或憂鬱，或是經常背部疼痛，他們沒發現這是從別人身上拿過來的，原因是他們的自我界線千瘡百孔。

我的許多個案都是共感人，我認為這絕非意外。雖然我用心理學詞彙說明了什麼是共感人，但其中或許仍有其他原因，例如神經系統和生理機制天生較敏感（「高敏人」，簡稱HSP）。

高敏人、有注意力障礙的人、高功能自閉症患者與腦部受傷的人，都與創傷倖存者有許多相同特質，我們不一定知道背後的原因，不同的假設模型提出了不同的解釋。你可能不屬於以上任何一種情況，只是特質有所重疊。

接下來，讓我們進一步探索這個曖昧不明的領域，試著回答「母親出了什麼問題？」這個議題。

8 母親出了什麼問題？
從理解母親怎麼了開始

了解母親是療癒的步驟之一。你不需要診斷她有什麼障礙症，但你確實需要明白她為什麼異常，如此才能停止用責怪自己的方式解讀她的行為。

問完可怕的、充滿折磨的「我出了什麼問題？」（所以母親不珍視我），現在我們要問的是：「母親出了什麼問題？」

太好了，你終於問了這個問題！是的，情感缺席的母親（雖然其他時候和藹可親）缺少了某些功能，情感虐待的母親更加嚴重。本章將討論這兩種類型的母親，先談她們為什麼缺少正常母親功能的共同原因，再討論與母親施虐行為有關的常見因素。

她不知道怎麼做對孩子比較好

母親的育兒能力之所以這麼差，最常見的原因是她欠缺知識。她小時候母親給她的支援，跟她自己給孩子的支援相差無幾，而這是正在閱讀本書的你可以改變的世代傳承。

我在大家庭的母親身上經常發現到這種情況,她們沒有足夠的資源,或是母親忙著為生存奮鬥,例如新移民。近幾個世代育兒觀念已有所改變,而欠缺母愛的故事大致上都來自父母仍抱持舊的世界觀,認為父母只要滿足孩子的生理需求即可——他們對於我在這本書描述的好母親功能一無所知。

情感缺席的母親可能因為本書提出的各種原因而欠缺母愛,也因此她們並不了解自己的孩子需要什麼。又或者她小時候母親過世或生病,她沒有可以一個充滿關心的、有能力的、為孩子付出的母親可做為參考對象。

她封閉了自己的情感

母親封閉情感的原因很多,其中最常見的兩個原因是憂鬱症和未獲解決的創傷,當然其他原因(例如她的父母情感封閉或充滿敵意)也會導致母親豎起警戒和封閉情感。情感封閉是美國文化裡的常態,而工作與生活失衡更使情況雪上加霜。

美國人集體被未處理的創傷淹沒,戰爭、災難、性侵與虐待只是其中幾種創傷。我在為本書進行訪談時,發現許多人的母親都是(未處理的)創傷倖存者或創傷倖存者的孩子,有些母親經歷過猶太人大屠殺,很多母親曾在災難中失去家人,而且從未走出悲傷。

「走出來」是關鍵因素,研究指出,比起過往創傷的類型或嚴重程度,母親處理這些痛苦事件的能力,更高程度的影響了她是否有能力與孩子建立安全型依附。

母親封閉情感的另一個原因是憂鬱症,母親的憂鬱症很可能沒有經過診斷與治療,這對受其影響的每一個人來說都很不幸。造成憂鬱症的生理因素很多,例如疾病、營養不足,甚至包括治療憂鬱症或其

他病症的藥物，此外，我在前面提過，孩子沒有學會如何建立生活基礎，或是沒有得到足夠或良好的養育，都很容易導致憂鬱症。

我喜歡用一個老觀念來描述憂鬱症：給我們不願或不會處理的感受蓋上蓋子──實質意義上的施壓（depress除了憂鬱之外，亦有「向下施壓」的意思），我們的情感會因而變得淡漠，這是憂鬱症十分常見的特徵，憂鬱症患者很難感受到動力、很難付出關心，也很難產生滿足感或喜悅。

在此，我們看見了憂鬱症的矛盾之處，一方面，有很多患者住在迷霧裡，感受不到明確的情緒，另一方面，有些患者被痛苦的感受淹沒，哭個不停。憂鬱症沒那麼簡單，有許多影響因素和類型，就連致病的原因也有各式各樣的觀點。

無論致病的原因是什麼，有憂鬱症的母親往往很退縮，她們身心無力，甚至頭腦也不清楚，無法用積極、細膩的方式照顧孩子。許多憂鬱的母親總是把自己關在房間裡，不參與家庭生活。

她從未長大成熟

在關於失能母親的描述裡，當中的許多母親都展現了情感、社會、甚至認知方面的發展遲緩，這類女性或許能學會使用社交技巧、展現個人魅力，但是在人際互動底下，她的行為仍處於青少年或甚至幼兒階段。有些母親在原生家庭被當成小公主對待，因此從未學會負責任，更有可能的情況是她們本身便是由情感不成熟的父母所養育，所以一直沒有長大。

有些不成熟的母親是由丈夫負責照顧，丈夫不僅要提供零用錢，還得一肩扛起家事和育兒任務，或者是由家裡較大的孩子接手，負責提供母親的支援。年僅三、四歲的孩子就必須哄弟弟妹妹睡覺、幫他

們洗澡、餵他們吃飯、洗碗等等,而他們自己站在廚房水槽旁都還不夠高呢!

　　不成熟的母親經常被形容為膚淺、虛榮、小家子氣、易怒、狡詐、愛扮演受害者;隨著情感不成熟的母親愈來愈年長而需要更多照顧時,這種情況可能會更加顯著。她們會扮演受害者,對照顧自己的家人或任何協助她們生活的人發脾氣。

　　《假性孤兒》的作者琳賽・吉普森(Lindsay Gibson)是名心理治療師,她在書中花了很多篇幅介紹大約三十種情感不成熟的特質。如果你是被父母情感忽視與情感虐待的孩子,你很可能也體驗過這些特質:父母無法處理自身或他人的感受,發洩情緒時幾乎沒有自覺;責怪他人但自己從不負責;沒有同理心卻期待孩子照顧他們的需求與感受;只忙自己的事情;心態封閉且不尊重個體差異;態度前後不一;不修復人際關係的裂縫,期待孩子對問題視而不見,自己恢復正常。聽起來很熟悉吧?

她沒有能力去付出

　　我治療欠缺父母照顧的成年人時,聽到不少父母沒有能力付出的心碎故事。

　　小女孩獨坐在冰冷黑暗的車子裡等待在酒吧裡喝酒的爸媽;無法認可女兒成功的父母;父母給孩子非常卑賤、糟糕、不合適的生日禮物,收到這種禮物反而有種被剝奪的感覺。

　　怎麼會有如此充滿惡意的母親呢?可能的答案不少。

■ 她心懷怨恨——儘管自己不一定知道(我在孩子沒人要的案例中,看過幾次這樣的親子互動)。

- 別人的需求使她的自戀需求備感威脅，她做不到暫時放下自己的需求，當個大方的人。
- 她小時候可能嚴重缺乏父母照顧，或是極度貧窮。過去她自己未曾得到的，現在也不給予孩子，藉此掩蓋悲傷。
- 有些母親的不安感非常深刻，以至於她們害怕被拒絕，所以不願用有意義的方式為他人付出。

當不願意付出的母親做出了不尋常的行為時，孩子會困惑到懷疑是自己瘋了。

我的一位個案帶來一封母親寫給她的信，母親在信中滔滔不絕傾訴自己有多愛女兒，但是除了手上這封信之外，女兒本人對母愛非但沒有記憶，也沒有證據——母親留給她的主要記憶是母親的怨恨。

難道這封信展現的愛是真的，只是這份愛過去藏在不安感背後？是不是母親無法承認或控制自己的負面感受，所以捏造了一個補償性質的故事？這是心理操縱或形象管理嗎？無論如何，揭露本性的不是一個人說了什麼，而是他長期以來的行為。

她可能有心理疾病

在討論母親出了什麼問題時，我們可以使用不敏感、情感封閉、只關心自己、惡毒、瘋狂等普通詞彙，也可使用精神病理學的專有名詞，例如自戀型人格、邊緣型人格等等。

雖然能確定母親（或其他人）的障礙症會很有幫助，但我們也必須了解，障礙症是由多種症狀組成，而相同的症狀會出現在不只一種障礙症裡。症狀必須達到足夠的數量與程度才能確診，但是也有未達臨床定義的輕症，也就是具備這種障礙症的基本樣貌，但是還未達到

揭露本性的不是一個人說了什麼，而是他長期以來的行為。

確診的條件；更複雜的是，一個人很可能有不只一種「障礙症」。我們得要記住，心理疾病的分類歸納仍是進行式，隨著觀念改變，公共政策轉向，新的疾病會突然出現，或是突然消失。

如果用心理學詞彙能幫助你釐清自己的經歷，或是幫助你了解母親，那就用吧，只是別忘了，一模一樣的現象也能用簡單的詞彙來討論，例如惡毒、幼稚、在情感上缺席等等，有些人可能會因為無法在這些模式中找到精神狀態的歸類，而陷入痛苦和扭曲。

最欠缺母愛的母親身上，會有幾種精神障礙持續出現，包括邊緣型人格障礙與自戀。使用普通詞彙討論常見的問題，對於了解這些精神障礙很有幫助。

自戀

我們經常把自戀當成病態行為來討論，以至於許多人不知道自戀其實是人類發展的正常階段，不過，我在這裡要討論的是病態的「極端」自戀。

自我價值感受到損傷會讓一個人感到自卑，於是他創造一個價值誇大的外在形象來遮掩，進而演變成自戀。為了捍衛搖搖欲墜的自我形象，他會做出許多極端的防禦行為，例如他常常會火力全開地攻擊會威脅其自我形象的任何人；如果你觸發他們心底的羞恥感，懷恨在心的自戀者將會不擇手段摧毀你。

以下是幾個極端自戀者的共同特質：

- 他們的事永遠最重要。
- 渴望別人的崇拜與關注。
- 他們（自以為）永遠不會錯（別讓他們知道你的意見）。
- 他們方方面面都比較優越，或是最棒。

- 他們在情感上很膚淺（這裡指對人事物的感受和理解不深，且往往以自我為中心），而且沒有同理心。

　　自戀的母親只關心自己，她們會把孩子的成就——任何她們認為能為自己增光的事——歸功於自己。不過，由於她們必須不計代價捍衛自我形象，所以一旦出了什麼差錯，便直接怪罪在別人頭上。她們可能也會把心底的羞恥感加諸在孩子身上——光是這個理由就足以讓她們用糟糕的方式對待孩子。

　　自戀母親留給孩子的基本感受是：我一定不夠好。這種感受一般源自於母親的批評以及她一定要比你耀眼的需求。如果母親必定會處罰你或搶功，而且常用被動攻擊（指不直接表明惡意和不滿，而以隱晦的方式讓人感到不適或其他影響）的方式，你如何能茁壯和成功呢？

　　自戀的母親可能也會像其他類型的母親一樣情緒反覆無常，在碰到嚴重威脅時陷入所謂的「自戀型暴怒」，高聲說出粗言穢語，做出誇張的指控，或是在其他招數都沒用時大崩潰，扮演可憐的受害者。面對極度自戀的父母，你會習慣接受他們（不公平的）責怪，收起自己的需求，變成一面好用的「自戀鏡子」。

　　自戀的母親會令孩子感到困惑，因為不同於情感最封閉的母親，在沒有感受到威脅和（尤其是）孩子還小的時候，她們可能非常關心和支持孩子。然而，隨著女兒慢慢長大，自戀的母親會變得愈來愈好勝，比如用惡毒的方式批評女兒的外表、跟女兒的男友打情罵俏，或是和女兒的朋友變成好友。

　　現實遭到別人否認會使你嚴重失衡，而自戀、邊緣型人格、解離的母親只要說一句「那件事沒有發生」就行了——是的，她們甚至會說謊。除非你對自己的感知很有信心，否則你會開始懷疑自己對現實的判斷（例如你遭遇的事、你的感受），這將深入侵蝕你的自我意識。

> 自戀母親留給孩子的基本感受是：我一定不夠好。這感受源自母親的批評以及她一定要比你耀眼的需求。

邊緣型人格障礙

就像自戀的母親一樣，邊緣型人格的母親很容易在別人反駁她們的感受與看法時，覺得這是背叛和攻擊，於是她們會拒絕、懲罰和誹謗那些（在她們眼中）辜負她們的人。

邊緣型人格障礙的主要特徵包括：

- 非理性的強烈憤怒。
- 情緒反覆無常。
- 衝動，通常會因此造成自我破壞，例如過度消費、性濫交、飲食障礙、藥物濫用、魯莽駕駛，甚至自殘。
- 長期的空虛感和不穩固的自我認同。
- 極度恐懼被遺棄。
- 無法維持穩定的感情關係，通常會一下子將對方理想化，一下子又貶低對方。

邊緣型人格的母親容易反應過度，情緒難以捉摸──有時充滿關愛，有時會因為失控而大發雷霆。

邊緣型人格的母親特別難處理的問題，是她們常常把某個孩子當成掌中寶，這個孩子做什麼都是對的，但另一個孩子卻糟糕透頂，做什麼都不對，於是，他被當成代罪羔羊，扛起母親卸下的自我憎惡與羞恥感。

克莉絲汀・安・羅森（Christine Ann Lawson）在著作《超越讓你備受折磨的母女關係》中，描述了邊緣型人格母親不尊重人際界線，她們利用恐懼與罪惡感控制孩子、操縱孩子（「如果你愛我，你就會……」），要求孩子站在她們這一邊，而且經常在孩子表達自己的觀點或感受時施加處罰。

羅森以主要的情感基調為依據，說明了四種邊緣型人格母親，包括：流浪者型，這種母親拒絕協助，普遍自尊心低落；隱居者型，這種母親本質上是個嚇壞的孩子，只想躲起來遺世獨立；女王型，這種母親「對鏡子饑渴」（亦即自戀）、霸道、苛刻；女巫型，這種母親很愛生氣，有施虐傾向（喜歡看別人受苦），要求絕對的權力。如果這四種母親的描述當中，有聽起來你覺得很熟悉的，我強烈建議你去看羅森的書。

　　跟邊緣型人格障礙的人一起生活有如在蛋殼上行走，凡事都要戰戰競競，你永遠不知道對方何時會暴怒、莫名感到被冒犯或陷入自怨自艾，你會因此失去正常感（難以判斷某個情況正常與否）與安全感。

她失去控制憤怒的能力

　　母親脾氣再好，還是會有生氣的時候，但如果母親的憤怒非常激烈或演變成肢體虐待，那肯定是有問題。有幾種心理疾病會使人失去控制憤怒的能力，患者每次發怒都不是有點生氣，而是火力全開的暴怒。自戀與邊緣型人格的母親都很容易發脾氣，因為她們的自我意識沒有穩固的定錨點，所以十分搖擺不定。

　　然而，邊緣型人格障礙與自戀障礙並不是極端憤怒的唯一因素，有雙相情感障礙症的母親也有可能突然暴怒。黛安・杜埃勒（Diane Dweller）在回憶錄《媽媽、狂躁與我》裡描述了母親行為脫序、恣意花錢、危險駕車的情狀，她在黛安眼中是恐怖媽媽，除了言語暴力，她也會對黛安施加身體虐待。

　　雙相情感障礙症的舊名是「躁鬱症」，這表示鬱期和躁期會交錯爆發。有時候想法來得太快，來不及表達；過動；失眠；或是像黛安的母親一樣開快車、衝動消費……但躁期以外的時間，母親可能看起

來比較正常,行為沒有異狀。黛安所描述的衝動與殘酷,在邊緣型人格的母親身上也看得到,當然,一個人身上同時存在多種障礙症的情況也很常見,例如創傷後壓力症候群、邊緣型人格障礙症、憂鬱症或注意力缺失症。

無法調節情緒的人要把憤怒控制在合理範圍內可能會很辛苦,創傷(例如創傷後壓力症候群)未解決的母親也屬於這種情況。我治療過一位患有創傷後壓力症候群的年輕母親,在面對了自己的創傷(被壓抑的性虐待)之後,她與孩子相處時的反覆無常與憤怒立刻得到了改善。此外,思覺失調症的母親 P145 和解離症的母親 P146 也會突如其來地大發雷霆。

身心的障礙讓她變得苛薄

苛薄,也是一種情感虐待。苛薄的母親會藉由語言和行為刻意傷害你、摧毀你、剝奪你擁有的任何良好感受,她們經常批評,鮮少稱讚。她們的言辭不只經常哪壺不開提哪壺,殘酷更是常態。

那麼,一個人是怎麼變成苛薄的母親的呢?雖然有些情況源自生理因素(腦瘤、雙相情感障礙症),但更常見的原因是母親自己的心理創傷。她或許是嫉妒孩子,正在跟孩子競爭(尤其是女兒),或是把她對自己的負面感受發洩在孩子身上,也或許是她正在表演,想藉此讓人看見她的苦難。苛薄的母親是不健康的母親,而且很可能屬於邊緣型或自戀型人格。

她精神失常

我們早就已經習慣用「瘋狂」來形容不符邏輯的行為,當然,這

苛薄也屬於情感虐待。苛薄的母親經常批評,鮮少稱讚。

個詞使用得很廣泛，也常用來貶低他人。做為心理學術語，「瘋狂」指的是可被定義為精神病的嚴重障礙症，精神失常的人無法在共識現實（consensual reality，指公認的現實觀點；可能有局限性，但被廣泛接受的觀點）中正常發揮作用。

當精神疾患發作時，患者可能會看見幻象，覺得自己受到無生命的物品或懲戒的聲音（不只是內在批評家）所影響，他們經常很偏執，並且可能相信與事實不符的事情。

嚴重的憂鬱症患者可能會發展成精神病患者。罹患精神病的原因很多，包括服用不適合的藥物、其他疾病的繼發性病症，甚至連失眠也是原因之一。與精神病相關的障礙症之中，最常見的是思覺失調症（舊稱為「精神分裂症」）。

思覺失調症是一種令人日漸衰弱的障礙症，感覺就像是你的內在線路接錯了，使你無法整理想法、將自己的意圖付諸行動、理解事物之間的關聯、清楚表達想法或經驗，也沒辦法維持人際關係。和其他障礙症比起來（或許除了重度憂鬱症之外），思覺失調的母親通常都有因此住院的經驗，而且不只一次。她們做什麼工作都做不久，因此經濟方面與任何層面的穩定都得仰賴另一半，如果沒有另一半或照顧者，她們或許連棲身之所也找不到。

思覺失調的母親精神失常的時間可能很短，但是她們的現實感非常薄弱，以至於她們的生活功能大致偏低，甚至可以說她們從未真正成長。她們無法為孩子提供安定感，而她們起伏不定的情緒和莫名其妙的反應都可能把孩子嚇壞。母親的生活功能如此低下，又如此無法理解和接納孩子的感受，這會深深傷害孩子的自信心與正常感。從小到大都缺乏正常作息的孩子，成年後會不知道如何為日常生活找到適度的框架，在尋找生活方式的過程中，他們很可能會落入兩種極端：一端是作息紊亂、毫無紀律，另一端是嚴格墨守生活框架與規範。

她有情緒反覆無常的狀況

　　孩子需要穩定的一致性，假使你覺得照顧者會突然攻擊你，神經系統將隨時處於高度警戒的狀態，造成持續的過度防備和焦慮。

　　從關於邊緣型人格母親的描述就能看出，這種母親經常變臉，有時候很體貼，有時候很凶惡，此外，雙相情感障礙症與解離症的母親也有同樣的情況。

　　我們的自我由許多部分或角色所組成，解離症指的是這些角色各自封閉，無法彼此溝通。解離性身分疾患（DID，dissociative identity disorder）的舊名是「多重人格障礙」，指的是自我的內在角色不知道彼此的存在，得費很多力氣才能建立溝通與協調，偶爾會有「另一個人格」跑出來，很多電影都描繪過這個主題。

　　多數人不知道的是，這些角色通常不像電影裡那樣明顯。治療師要確認患者有解離性身分疾患通常得花上很多年時間。孩子很難理解母親為何有時會忘記重要的對話或事件，或是行為反覆無常──甚至判若兩人！這種母親在不同時刻「變臉」的情況，會使孩子住在一個非常不安穩的世界裡，以至於孩子的人格最終也可能碎片化（指過度「戴著不同面具」示人，而壓抑真實的自己）以應付眼前的情況。

　　思覺失調症經常與解離症搞混，其實兩者並不相同，許多解離症患者生活功能強大，其中擁有高學歷的人比例也高，因此，就算母親是醫生或法官，也不一定代表她擁有健全的人格。

　　話說回來，每個人都會在不同的情境展現不同的面貌，也都有記憶錯誤的時候，所以不要急著給別人貼上疾病的標籤。然而，如果母親的「變臉」之劇烈已經猶如《變身怪醫》的話，我們至少可以判斷她不是非常穩定，而對脆弱的孩子來說，她絕對是既令人害怕也令人困惑的。

她無法理解他人

有的情況是，母親非但無法與你同頻，在大部分的人際關係中也都做不到同頻，原因是她無法理解他人。這可能可以歸因於她來自幾乎沒有社會化的成長背景，但也可能她天生如此。

亞斯伯格症候群是一種高功能自閉症，雖然自二〇一三年起它便不再被視為獨立的病症，不過，用它來討論特定的複雜情況依然相當有幫助。

亞斯伯格患者至少擁有一般智力和語言能力（有些人甚至相當傑出），可是說到有助於理解人際關係與社會智力的能力，他們的確會碰到很多障礙。

以下是亞斯伯格患者的幾個共同特徵，在情感缺席的母親身上也能看到：

- 沒有眼神交會與雙向交談。
- 解讀非語言信號（例如手勢和表情）的能力低落；可能會因為解讀錯誤而誤解他人的感受和意圖。
- 無法理解脫離事實範圍、比喻性質或話中有話的交談內容；聽不懂幽默，也不懂嘲笑或諷刺背後的意圖。
- 很難理解他人的觀點，或是他人行為背後的原因。
- 不明白自己的行為在特定情境下為何不合宜——他們不擅長處理較大範圍的人際關係。

從上面的描述，我們不難看出，這樣的行為模式為什麼容易在別人眼中顯得自私或神經太大條。觀察母親是否有亞斯伯格症候群或許能幫助你了解母親。

她不敢面對痛苦的現實

母親之所以對孩子封閉情感，還有一種特殊情況：她無法面對孩子正在被她親近的人虐待的這個事實，最常見的情況是丈夫或另一半對孩子性虐待。

母親不敢面對現實，有幾個非常具說服力的原因能提供解釋，而「保護主要關係」是一個顯而易見的原因。哪個母親願意相信另一半會虐待她的孩子？她可能很依賴另一半，覺得自己沒有對方就活不下去，所以「看不見」自己無法接受的事實，因此，她對孩子的關心必須超過對伴侶的關心，才有辦法「察覺」到虐待的事實——遺憾的是並非每個母親都是如此。

很常見的一個情況是，未施虐的配偶本身也有自己想要逃避的過往經驗。另一半會施虐的女性，很可能在小時候也有被虐待的經驗，而且這段經驗經常被徹底壓抑和遺忘，而當性虐待再次在家裡出現，她完全不想看見。為了隔絕這件事，她可能會對任何跟她受傷未癒的內在小孩身於相同處境的孩子非常冷漠。

儘管我們不願意這麼想，但是在極少數的情況下，有的母親會允許孩子成為他人（有時是孩子的手足）虐待的目標，因為受虐的孩子代表她的自我憎惡。

觀察母親的異常程度有多深是一件痛苦的事，但是了解母親是療癒的步驟之一。你不需要診斷她有什麼障礙症，但你確實需要明白她為什麼異常，如此才能停止用責怪自己的方式解讀她的行為。這對療癒來說是重要的一步，也是下一篇要討論的內容。

Part 3
療癒母親留下的傷
Healing Mother Wounds

9 療癒的重要步驟
埋傷、掘傷到療傷

很多傷得最重的人會編織一塊最大的遮羞布把傷害隱藏起來，有些個案甚至可能會將父母理想化，猶如打造一座不容質疑的紀念碑。設法保護受傷的地方是自然反應，而我們可能需要花點時間才能發掘隱藏起來的創傷。

在討論療癒之前，容我先大致說明本章要談些什麼。

我們要來看看自己如何埋藏了最深層的傷痛，以及了解我們為什麼需要把傷痛挖掘出來才能釋放深藏的情緒，以啟動療癒，我們也會聊到用日記做為抒發感受的工具。最後，我們將討論憤怒與悲傷——療癒之旅必須面對的兩大情緒。

被掩蓋的創傷，及其裂縫

你或許知道你自己或你在乎的人有「母愛創傷」，你或許會很驚訝，有些深受母愛創傷影響的人完全不知道或否認這些創傷的存在。治療師知道，很多傷得最重的人會編織一塊最大的遮羞布把傷害隱藏

起來，有些個案甚至可能會將父母理想化，猶如打造一座不容質疑的紀念碑。

遺憾的是，這座紀念碑真的就是紀念碑——創傷倖存者會把它看得比真實經歷更重要，但否認事實並非毫無破綻，通常會有蛛絲馬跡透露出母子關係出了錯。除了前面描述過的問題，其他跡象包括：

- 當你看見溫馨的母子互動，你的情緒會被觸動。你可能會哽咽、泛淚，或是用批判跟輕蔑的態度推開痛苦（看見自己不曾擁有過的東西很難受）。
- 你寧可不要深入探索自己和母親的關係；最好「不要揭開傷疤」。
- 拜訪母親時，你發現自己會情感麻木或進入出神狀態，不會專注當下。跟母親相處總是不愉快，那會讓你再次經歷痛苦的童年感受。
- 儘管你表示你和母親關係很好，但每次有人請你回想與母親有關的美好記憶，或是充分感受到母愛的時刻，你能想起的例子不多。
- 你渴望真正的親近感，卻又對它感到不安與恐懼。親近感對你來說很陌生。
- 你不想生孩子，因為你覺得自己不適合「當父母」。

發掘創傷，正視童年逆境

設法保護受傷的地方是自然反應，而我們可能需要花點時間才能發掘隱藏起來的創傷。

有些生活情境會讓這些創傷浮現出來。其中威力最強大的是成年後伴侶離你而去，這會打開那個沒有人愛和支持你的缺口，讓像兒時那樣被遺棄的感覺重現眼前——無論伴侶是主動離開或死亡，都會引起這種感覺。

設法保護受傷的地方是自然反應，要發掘隱藏起來的創傷需要花點時間。

與母愛相關的情境也會激發這些未解決的感受，例如你自己生了孩子，或是所有的孩子都離家之後。此外，年邁的母親需要你的幫助也是激發因素之一。

你可以先從留意自己和母親的關係感覺不太單純開始。如果你依然在某種程度上與母親融合在一起 P172 ，這段關係會讓你感到糾纏不清，而且你的感受會跟她連結在一起。舉例來說，假使母親似乎陰沉憂鬱，當你在思考這段關係時，你也會感到陰沉憂鬱，而且很難用客觀的角度看待母親，因為她的感受已成為你的感受，她的看法（尤其是對你的看法）也已成為你的看法。

這與所謂的「共同依賴」有關：你並未依照自由意志生活，因為你非常在意另一個人的想法。如果你一直在為母親的缺點收拾殘局或是一直在照顧母親，或是母親把對家庭的忠誠（尤其是要對她忠誠）銘印在你心中，那麼想要掙脫這張大網就不會太容易。

深受母愛創傷影響的人通常得花不少時間接受治療，才有辦法說出童年的真相。最初描述的故事與實際的經驗之間，相距甚是遙遠，而實際經驗存放在無意識裡，需要花點時間才能找到，發掘出真相之後，原本為了保護創傷而編造的故事會慢慢瓦解。

即便一個人清楚知道自己與母親的關係有所欠缺，仍然可能會對敞開心扉、將缺口完全暴露出來感到抗拒。這件事只能徐徐圖之，因為創傷真的很痛，我們免不了會想要逃避它，只有將疼痛一點一滴慢慢釋放、等我們變得更堅強之後，創傷對我們的刺激程度才會降低。

這不是你的缺陷，而是你缺乏的東西

雖然欠缺母愛的人多少都知道自己缺了些什麼，也知道這個「什麼」至今仍影響著他們，但我們很少直接面對兩者之間的關聯。我希

望你能從前面的章節認識到，童年所欠缺的東西和你現在面對的困難之間有什麼關聯，我另一本書《創傷療癒》的讀者都說，最有用的收穫是在知道自己的症狀與創傷之間的關聯以後，他們可以停止責怪自己。同樣地，知道人生中的不滿足與限制跟母愛創傷之間的關聯，有助於了解你的掙扎只不過是某些障礙症的自然結果。

就像種在礦物質匱乏的土壤中，植物便會出現病弱跡象那樣，一個人沒有獲得充分的照顧、支持、鏡像同理與其他基本養分，也會在某些方面發展不全。借用美國作家約翰・布雷蕭（John Bradshaw）的說法，你可以將缺陷視為不足，也就是你缺少的東西。

面對並處理你的感受

我們會用很多方式逃避內在的深層感受：讓自己忙到沒空陷入感受；沉浸在思考裡（強迫性思考很有用）；繃緊身體，不讓相應的情緒影響生理機制；呼吸短淺，把情緒程度壓到最低、範圍縮至最小。

大部分的心理治療與諸如十二步驟（一種於一九三〇年代開發的戒癮計畫）之類的康復計畫，都秉持著先有感受才能療癒的原則。麻木與遮蓋看似可以保護創傷，卻會妨礙療癒。

在終於衝破自我保護、記起童年的實際經驗時，我們會感到非常痛苦，那是我們一直不願觸碰的悲傷之井。這口井裡裝著兩種東西，一種是當初承受不了的痛苦感受，我們把這些感受封裝起來，存放於內在系統；另一種是現在感受到的悲傷，來自我們承認過往的經歷、明白自己有多欠缺。我們在電影裡看到母親很愛孩子的片段時所流下的眼淚，正是內在溢出的悲傷──為了當初可能或應當發生、卻沒有發生的事。

布雷蕭稱此為「原痛處理」，「原痛處理的其中一個過程是經歷

先有感受才能療癒──麻木與遮蓋雖然可以保護創傷，卻會妨礙療癒。

原本被壓抑的感受，我把這個過程叫做揭開。唯有如此才能啟動『第二階改變』（相對於『第一階改變』而言，指進一步建構新思維、新框架來做變革性的改變），也就是真正解決感受的深層改變。」

原痛處理涉及了大量感受，包括震驚、憤怒、寂寞、恐懼、羞恥、困惑與難以歸類的強烈痛苦。當然也包括悲傷，不過悲傷只是其中一部分。

要撐完這段旅程，我們需要支持和方法，通常我們一碰到痛苦只想盡快逃離，所以我們需要他人的照顧與鼓勵來給我們支持，才能完成這項任務。我認為一對一心理治療是最好的方式，但這不是唯一的選擇，團體治療、支持團體與公開討論、工作坊、有愛的人際關係，這些方式都有幫助，向另一個人透露痛苦並觸動對方的感受（不像總是冷硬心腸的母親），是非常療癒的一件事。

基於我們討論的這種創傷本質，你或許會產生強烈的感受，卻沒有辦法將感受連結到任何事件，儘管如此，我們仍然不該就此忽略了自身的感受。

情緒與事件無關的情況是有可能存在的，因為情感記憶發生在語言習得之前，當時大腦還沒有能力描述和儲存記憶；仔細回想，你或許會有那些時刻自己年紀很小的感覺。感受與事件分開也會發生在最痛苦的時刻，事件會碎裂成不同的片段，很像在看一部畫面與聲音對不上的電影，這種時刻你可能會覺得腦袋很混亂，身心分離，因此，在追溯創傷記憶時，你或許會記得「事實」卻對事件沒有感受，或是只有身體記憶卻沒有視覺記憶等等。

儘管痛苦看似沒有盡頭，但事實上是有的，只要你願意面對它就可以了。當我們誠實的面對（也就是去感受）任何一種情感時，它就會發生改變。

如果你能退後半步，抽離到可以觀察、處理這個過程的距離，而

儘管痛苦看似沒有盡頭，但事實上是有的，只要你願意面對它就可以了。

不執著於感受，也會很有幫助，你可以藉此從你對事件的認同感裡抽離出來，用一種察覺但不參與的方式面對事件，即所謂的「見證」，這能使你保持一定的情感距離，幫助你探索難過的感受，我偶爾會稱之為「變得比感受更大牌」，因為一部分的你已跨到感受之外。

現代心靈書籍作家相當積極地協助讀者處理難過的情緒。麥克・辛格（Michael Singer）的著作《覺醒的你》請讀者在開始被吸進強烈的感受時「退到能量後面」，他建議讀者放鬆肩膀和你的心，讓能量像風一樣穿過身體。

另一個避免被情緒淹沒的方法，是在強烈的感受與其他感官頻道（例如視覺、聽覺、觸覺等等）之間來回擺盪，做法通常是把注意力放在周遭環境的某樣東西上；你也可以切換到思考的頻道上，這樣的切換通常是無意識的，但也可以用意識控制。如果你把心思聚焦於痛苦之外的某樣東西上的時間夠久，身體就能平靜下來，你也可以在情感與正面的記憶之間來回擺動，避免自己受困在情緒裡。

還有一種方法也很有用：尋求有愛心的「他者」介入，可以面對面，也可以藉由日記和對方交談。我自己處理痛苦感受時，幾乎都是用日記對話的方式，為我在波濤洶湧的情緒大海中提供定錨點。

處理痛苦的感受需要技巧，近年來有許多方法問世，但不是每種方法都適合你，我鼓勵你多方嘗試。值得高興的是，練習會使你變得愈來愈堅強。

寫日記安放感受

進行原痛處理時，日記是一個安放感受的好地方，畢竟你並不想要累壞朋友，而治療師（如果你有的話）又不是隨時都在。已有研究發現到，用紙筆表達感受跟用口語表達一樣有幫助，而隱藏感受與壓

力上升都和疾病之間有相關性。日記可以扮演知己、鏡子和嚮導，而且你的日記不會批判你；此外，透過「自我對話」等高階技巧，你還可以學會安撫和支持自己。

既然你把日記當成知己和療癒舊傷的地方，你當然可以在這裡抒發痛苦──任何痛苦都可以，例如悲傷、失望、失去、被欺負、遭受背叛。你與日記分享痛苦，而日記接納你的痛苦，這是你們對彼此的重視。

你在書寫感受時或許會因為觸景傷情而落淚，沒有關係，你可以用括號簡短註明，你在寫這段文字的時候哭了，這將幫助你找出哪些事會激發最多感受。你顯然會想找個安全的地方寫日記，建議你準備好面紙，或許也需要準備一些能安撫情緒的物品。

我認為眼淚通常代表轉捩點。眼淚告訴我，我已經挖到了「礦脈」，繼續寫下去就能打開心扉，對我來說那是重要資源──打開的心加上當中的憐憫，可說是處理痛苦最重要的資源。

也許我們會有一種哭泣彷彿永遠停不下來的錯覺，但其實哭泣佔據的時間比例很小；就強度而言，人對痛苦的承受力通常比自己想像的更高，只是我們似乎總是會反射性地逃避痛苦，以至於我們甚少有機會能測試自己的承受力。

別忘了，只要有需要，你隨時可以停下來休息。你可以暫時放下日記，然後做點其他的事，像是回想一段快樂的往事（例如真正被人在乎的回憶），所謂的「分心」，說不定是大腦為我們爭取喘息空間的方式。

你可以在日記裡一人分飾兩角，自己跟自己對話，比如說，一個你感受到痛苦，另一個內在的你接收痛苦（就像一名治療師那樣），此外，另一個你也可以是置身於痛苦之外的智者。書寫對話時，只要來回表達不同的觀點即可，每次切換角色就換一行。

寫日記時，你不再是一個人獨自面對情緒——把感受藏起來反而比較孤獨。

「允許憤怒」的療癒力

布雷蕭說：「就算發生在你身上的事並非出於故意，你也可以生氣，事實上，如果想要療癒受傷的內在小孩，你必須生氣。」

對母親生氣可能很難，因為她生下我們，為我們擦傷的膝蓋貼上OK繃，就算她無法用你能感受到的方式表達愛，但如果你相信她曾努力試過要愛你或確實愛過你，要生她的氣就會更加困難，但你得記住，憤怒不是目的，也不是永恆的狀態，憤怒只是療癒的一部分。

假使你仍然想從母親身上得到些什麼（愛、尊重、認可、情感連結……），而且得避免害她心情不好，你可能會覺得憤怒是一件危險的事，甚至不敢承認自己很憤怒；如果你必須維持不會生氣的自我形象，也可能不得不克制這種情緒。

不過，如果你想要支持受傷的內在小孩，如果你想要創造一個空間來感受以前覺得太危險的東西，如果你想要釋放這種感受（而不是無意識地被困住），就必須允許自己生氣。

你對母親的憤怒可能開始得很早，關閉憤怒的習慣也一樣。

依附理論先驅約翰‧鮑比（John Bowlby）指出，當孩子的依附需求沒有獲得滿足時，感到憤怒是很自然的反應，而當孩子發現憤怒只會讓母親更加疏遠，他會學習想辦法關掉憤怒。

在上述情況下，有兩種主要的非安全型依附開始發揮作用——逃避型依附、自給自足型依附 P064 的孩子比較可能壓抑或隱藏憤怒，他們認為憤怒會破壞一段關係，至於矛盾、癡迷型的孩子 P066 ，則是學會利用憤怒吸引他人注意。

> 就算發生在你身上的事並非出於故意，你也可以生氣。如果想要療癒受傷的內在小孩，你必須生氣。

從小到大，我們可能會用憤怒推開別人，憤怒因而在我們的成長中發揮了正面的發展作用，它是肯定自身經歷的一部分——雖然你的經驗和「美好的家庭神話」不同。如今身為成年人的你，在說出「這是我的親身經歷，我得到的不夠多」時，憤怒就浮現了。

你必須知道你有資格生氣，感到憤怒不代表你是壞人，或是甚至是個愛生氣的人，憤怒傳遞的訊息是有哪裡出了錯。如果我們不去壓抑憤怒，它就是我們受到侵犯時會自然出現的反應。

我們必須擺脫我們對憤怒的恐懼，也應該要明白：危險的不是憤怒本身，而是用不健康的方式與憤怒相處。如果我們不能清醒地控制憤怒，只是不分青紅皂白地發洩憤怒，這表示我們被憤怒掌控，如果我們長年壓抑憤怒，忍到臨界點時猛烈爆發，這樣的憤怒將釀成悲劇；在這些情況下，憤怒是危險的。

還有一種類型的憤怒叫純淨的憤怒：在生氣的同時亦表達尊重，不刻意貶低對方；這種憤怒對人際關係有正面影響，因為它會讓彼此變得更加坦誠。

什麼是健康的憤怒？

舉例來說，碰到有人不尊重你或侵犯你的時候，憤怒就會跳出來說：「這是不對的。」這正是憤怒的意義：設置必要的界線。

釋放鎖在身體裡的憤怒也很重要，這些是你還沒感受到就被壓抑下來的憤怒，甚至可能包括你在襁褓期或幼兒期感受到的憤怒，我相信有技巧的感受或表達憤怒，有助於消化和釋放這種憤怒。不過要小心，釋放憤怒可能會變成自我強化（指個人按「自訂標準」評判自己的行為，在心理上對自己「自我懲罰」或「自我獎勵」）的迴圈，應盡量避免，因此，最安全的做法是與專業治療師合作。

憤怒有各種樣貌，這裡提供一種重要的區分方式，受害者憤怒是一種牢騷滿腹、無能為力的憤怒，有力量的憤怒則是為自己挺身而

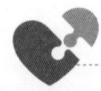

憤怒是我們受到侵犯時會自然出現的反應，危險的不是憤怒本身，而是用不健康的方式與憤怒相處。

出。我在這裡討論的是如何「動有力量的怒」——就算一開始你的憤怒是另外一種也沒關係。

有些人覺得憤怒很好用，無論是失望、悲傷或恐懼，任何情緒都用憤怒來表達，有些人則是竭力壓抑憤怒，因為他們潛意識裡很害怕一旦放任自己動怒，憤怒將會一發不可收拾。然而，想要療癒任何種類的情感創傷，都需要維持情緒的流暢，有能力去體會和區分各式各樣的情緒，而不是淪為情緒的奴隸。

日記是處理憤怒的好地方，畢竟願意面對憤怒的人肯定不多；願意陪我們處理較柔和的情緒（例如悲傷）的朋友，會比願意陪我們處理憤怒的朋友來得多。憤怒令人難受，而且有時充滿仇恨，這不是你可以隨時向人展現的感受，但日記會不帶批判地全盤接納。

處理憤怒和「允許」息息相關，很多人早已習慣隱忍不發，要戒掉這個習慣通常很花時間。持續地、誠實地練習寫日記，將能幫助我們打破這種自我審查的壞習慣。

如果憤怒是你無法控制的情緒，而且你會用造成傷害的方式發脾氣，你或許就得特別謹慎。重要的是你得學會調整憤怒的強度，讓它漸進式的釋放出來，而不是呈現一種非「開」即「關」的狀態；你必須在憤怒出現時立刻認出它，並且使用工具測定強度，學會控制一次釋放多少憤怒，利用分心、呼吸或暫停等方式來避免「不必要的憤怒升級」。如果你覺得自己無法控制憤怒或不敢面對憤怒，可以考慮參加憤怒管理課程，或是尋求治療師協助。

練習　探索憤怒

這個日記練習是句子接龍，句子僅有開頭，後面由你填上，想到什麼就寫什麼，速度要快，以免又開始自我審查。我鼓勵你同一句填十次以上（練習愈多次愈有效），並請盡量寫跟母親有關的句子：

我生氣的是……

寫完之後,把每一句都念一次,觀察自己的感受。如果你想寫沒有主題的散文,現在非常適合。我也鼓勵你反思以下這個問題:

在憤怒底下,我感受到……

這個句子也至少練習十次。你也可以練習列出那些你一直沒有原諒母親的事。

好好悲傷,直面悲慘的真相

除了憤怒,母愛創傷的療癒也包括深層的悲傷;我們為自己的失去而悲傷,為童年的自己所承受的痛苦而悲傷,為悲傷導致人生變得狹隘或扭曲而悲傷。悲傷的淚水似乎永無止境。

你可能聽過伊麗莎白・庫伯勒・羅斯醫生(Elisabeth Kübler-Ross)的悲傷五階段,雖然我們對這個觀念的解讀有點過度線性,但是這五個階段都跟處理悲傷有關,分別是:否認、憤怒、討價還價、沮喪、接受。

想要走出悲傷,我們必須放下不切實際的希望(這樣的希望「否認」了最基本的真相),以及放棄「要是……就好了」這種「討價還價」的想法。

在和母親的關係中,「要是……就好了」很早就開始了:「要是我很乖,不要去煩媽媽就好了。」「要是我不哭就好了。」「要是我能安慰媽媽就好了。」「要是我能讓媽媽很有面子就好了。」……這些都是真誠而絕望的努力,為的是讓媽媽變成我們需要的好母親。

但是,我們終究得放棄自己對母親這種一廂情願的幻想。作家兼心理治療師琳賽・吉普森寫得一針見血:「很多孩子的父母在情感上

並不成熟，但孩子不知道父母的發展限制有多嚴重，他們以為父母的內在一定藏著一個真誠的、發展完整的人，一個可以與他們建立情感連結的真實自我——要是父母願意讓他們這麼做就好了。」

我們當然希望那個健全、溫暖、陪伴、負責任、與我們同頻的人確實存在，而或許母親的回應剛好足夠支持這樣的想像——儘管那和我們的親身經驗大不相同，但無論一開始再怎麼令人難以承受，我們終究要慢慢「接受現實」，正因為如此，我們在接受現實之前，通常會先經歷沮喪（面對失去時所產生的情緒反應）——我們為此心碎，但如果我們能對自己所經歷的一切懷抱同情，並且獲得支持，我們終將走向平靜。

練習 「要是……就好了」

我們來練習三組「要是……就好了」的情境。

第一個情境與母親和她的身心健康有關。你以前可能抱持著這樣的希望，或是知道自己現在依然如此。以下是幾個例子：

- 要是她能服用正確的藥物就好了。
- 要是她能戰勝憂鬱症就好了。
- 要是她去接受治療就好了。
- 要是她能擁有穩定的婚姻就好了。

在你希望獲得更多好母親的回應時，你相信的「要是……就好了」是什麼？把它們寫下來。

第二個情境是你小時候心中的「要是……就好了」。例句前面已經提過，你可以從自己的行為推斷。

接受現實讓我們心碎，但如果我們能對自己所經歷的一切懷抱同情，並且獲得支持，我們終將走向平靜。

最後一個情境是現在你對你和母親的關係，抱持著怎樣的「要是⋯⋯就好了」？句子的前半部的「要是⋯⋯」提供條件，後半部則是假設這種條件已成立，對母子關係或你的自我意識會有何影響。試試你能否完成後半句。

◆ 要是我能讓媽媽看見我做得有多好，她就會以我為榮，我也會感受到被愛。
◆ 要是我們花時間好好相處，她就會明白我是一個很棒的人，想要跟我親近。

這些練習的前提是你依然想要從母親身上得到什麼，只是這種渴望被隱藏起來或很久以前就被摧毀。如果你的主要感受是厭惡，你的「要是⋯⋯就好了」句子或許會更像是這樣：

◆ 要是她死了，我就不用再想到她，這樣快樂多了。
◆ 要是她不再向我索討，我就能得到自由。

想要獲得療癒，就必須放下幻想與「要是⋯⋯就好了」的期待，接受現實的情況與限制。這個問題非常棘手，將在第十一章〈呵護你的內在小孩〉的「對失能的母親放手」中討論 P189 。

你不必強迫自己放下過去

不願意探索內心深處的人經常用「沉湎、沉溺」之類的詞彙討論感受或我們未能了結的過往，他們丟出類似的詞彙來激發我們的羞恥感，向我們傳達「別再糾結了！」的訊息。

想要獲得療癒，就必須放下幻想與「要是⋯⋯就好了」的期待，接受現實的情況與限制。

當然，這也是我們會問自己的問題：「還要持續多久？」我的想法是，等我們了結過去，就會放下過去。

結束了就能放下，就是這麼簡單！

總會有那麼一天，其他事情變得更加有趣，過往情緒對我們不再那麼有吸引力，我們把這塊地整理好了，清理掉大石塊，新的植物慢慢長出來：它們將吸引和豐富我們的生命。

如果有人觸碰了創傷（我們自己大概不會這麼做），我們當然還是會痛，但那時的我們早已走出悲傷，邁出下一步，而在那之前，不要以為你應當已經放下過去，請提醒自己不是每個人都必須這麼做，但這是你正在處理的事。這些創傷不是你自找的，也不是你主動選擇的，無論是因為上一代把創傷傳給你，而你不想傳給下一代（如果你有孩子），或是因為你的內心深處與那個欠缺母愛的孩子仍有連結，總之你正在處理創傷，而那就像在「盡力打一場仗」。雖然悲傷和原痛處理不是療癒的全貌，卻是重要的一部分。

受困於創傷之中確實有危險，因為我們可能會在任何有影響力的經驗裡形塑自我認同，尤其是那些在人生早期且留下深刻傷疤的經驗（這裡指受困於過往的不幸經歷，而產生不健康的自我認同，進而形成自我設限的信念，例如「我不值得被愛」）。處理母愛創傷絕非易事，需要極大的決心與豐富的資源，當中有一種資源非常有用，那就是──「好母親能量」。

10 連結好母親能量
彌補童年缺失

想要彌補撫育的缺失以及母親無心育兒造成的缺憾，我們必須連上「好母親能量」。

如果想得到療癒，我們不僅需要承認和哀悼自己缺失的部分，也必須找到方法加以彌補。想要彌補撫育的缺失以及母親無心育兒造成的缺憾，我們必須連上「好母親能量」，幸運的是，除了治療之外，可行的方法還有很多，本章將聚焦討論其中三種：

與好母親原型建立連結、找到好母親的「替身」，以及在主要關係中處理未解決的問題和未滿足的需求。

允許自己對好母親的渴望

如果你一直壓抑自己對好母親的需求及渴望（這樣的人不少），當壓抑的力量漸漸減弱，而隱藏的情緒慢慢浮現之後，你的感受會很強烈。或許這種渴望令人感到很陌生、很危險、很尷尬，但是渴望是療癒很重要的過程；渴望母親的支援是很自然的，就算小時候的你出

於生存考量關閉了這種渴望，但它從未消失過。正如同某位治療師給個案的建議：這種渴望本身很健康。身為人類，我們會自然想要獲得撫育和照顧，雖然這種渴望過去沒有獲得回應，但現在可以了。

我們可以從自己選擇的人身上得到撫育、照顧、引導、保護、鏡像同理等等。最後我們可以依據經驗去蕪存菁，或是參考自己跟好母親原型相處的經驗，在內心發展出一個強大的好母親。

無論你的母愛創傷現在正處理到哪一個階段，互動的基礎都是一樣的。如果你還在糾結自己有多麼欠缺母愛，就接收不到好母親的給予；如果你頑強地轉頭抵抗，她就無法溫柔撫摸你的臉──你必須允許自己示弱，讓她靠近你，唯有如此，你才能得到她的禮物。

與好母親原型建立連結

原型是比實際情況完美的模式，而身為人類的我們只能實現不完美的版本。原型之所以比實際情況更完美，是因為原型涵蓋了比任何一種版本還要寬廣的範圍，舉例來說，有智慧的年長女性就是一種原型，但是這樣的女性不會只有一種樣貌，有些可能比較外向或離經叛道。原型就好比劇本裡的固定角色，每次登臺飾演這個角色的演員都不一樣，不同的文化則像是劇場導演，對好母親原型的定義會有些許差異，不過同一個基本人物類型會一再出現。

在精微能量（subtle energy，能量醫學名詞，認為人體是能透過環境領域如光、聲、電、磁力與其他生物體相互作用，以「能量場」的形式產生大量的訊息）的場域裡感受過原型的人說，這不只與傳統有關，相同的原型之所以一再出現，是因為它們都是能量模式，存在於更宏大的、超越個人的場域。

許多原型早在人類文化出現之初就已經存在，不過在那之前，這

渴望母親的支援是很自然的，這種渴望本身很健康。身為人類，我們會自然想要獲得撫育和照顧。

些基礎能量與自然界的關聯較為密切。在聖母瑪利亞體現母親原型之前，母親的原型是大地之母，女神文化將地球視為撫育、供給和母親形象的源頭，雖然母親原型在不同的文化裡擁有不同的名字與形象，但這是個大家都熟知的原型。

二十世紀初，瑞士精神科醫師榮格為現代心理學帶來原型觀念，他認為原型是人類集體無意識（恢弘的心智）中殘餘的古代記憶，榮格的觀點認為，好母親原型是我們天生具備的一種精神結構。這個原型就像一張藍圖，在我們遇到「夠好的」母親的支援時，這張藍圖就會被啟動或開始運作。

如果藍圖沒有在我們的原生家庭啟動，我們可能會找別人來啟動好母親原型——例如治療師，於是，治療師便成為好母親原型的體現者，也是通往更深層能量的門戶。當然，我們也有可能藉由其他方式與好母親原型相遇。

意象與符號

我們經常透過強烈的意象來感受原型，例如夢、引導意象與藝術作品，可能出現的原型包括好母親（尤其是第二章列舉的特質）、壞母親／女巫、被遺棄的孩子，以及飢渴的、原始的本能自我。

卡拉年過四十，提到了她經常在冥想、夢境、藝術作品等各處看見對孩子有強烈保護欲的母親意象。她發現自己常創作母嬰成對的作品，也常畫圓圈圖案——很多人把圓圈聯想為母親的乳房，卡拉認為圓圈與母親、子宮和身處安全空間有關。她用這些方式表達她渴望人生中缺失的母愛——她未曾受到保護，幾乎沒有得到照顧，也鮮少跟母親獨處。

卡拉感受到身為孩子被切斷的本能渴望，這股渴望強烈到足以將她吞噬。別忘了，任何被塞進無意識的渴望最終會漸漸凝聚成一股力

量,而斬斷本能需求、對它們置之不理,久而久之一定會有某種抗衡的力量定期從我們的黑暗內在裡爆發出來。

創造代表好母親的作品,是讓好母親原型深入意識的好方法。我鼓勵你花點時間做這件事,可以是拼貼畫、素描、雕塑,形式不拘。重點是捕捉你理想中的母親,然後賦予她一個形態,在你進行內在療癒時可以利用這個形態召喚她的能量。

你也可以列舉出好母親訊息和好母親原型的特質,就我來說,我會做拼貼畫,然後直接在上面寫好母親訊息。

母神的協助

母親原型的經典形象之一是基督教傳統的聖母瑪利亞,聖母與聖嬰是最常見的繪畫主題,這個形象早在基督紀年之前就已存在,而且似乎全球皆然。以「Ma」開頭的名字不少,「瑪利亞」(Mary)是其中之一,而「Ma」意指母親,瑪利亞經常跟玫瑰聯想在一起,玫瑰也與聖母(Divine Mother)的能量有關。

很多人都表示,自己從聖母瑪利亞和其他宗教的母親人物那裡獲得撫慰與指引,例如佛教的觀世音菩薩。大部分的傳統裡都有母神形象,在這些傳統中,信眾都曾感受過這種母親能量的愛和照顧。

有位女性說她覺得自己像個暴躁的寶寶,但是當她感覺到自己被一股很像聖母瑪利亞的關愛存在擁抱時,她終於得以放下並且放鬆;另一位女性說她也有類似的體驗,當時她想像自己像嬰兒般被母神包裹在襁褓裡。第三位女性是安,她說她在處理內在問題時看見一個女神般的人物,對方似乎消除了她的負擔並吸收了她的痛苦;她還發現自己可以在有需要的時候召喚這個存在。我認為,諸如此類的經驗可歸類為「母親是調節器」 P046 的內在體驗。

然而,有的時候答案並不是獲得母愛,而是「成為母親」去付出

> 創造代表好母親的作品,是讓好母親原型深入意識的好方法。我鼓勵你花點時間做這件事。

關愛。這一點不僅發生在世俗層面，在心靈層面也可能會發生。艾瑞兒嚴重欠缺母愛，所以她轉而依靠母神傳統提供她正面的母親形象與深刻的女性特質，她因此獲得療癒和轉變。現在她以傳教士自居，不是來自於任何宗教機構的正式指派，而是她認為自己是傳遞神聖女性能量的管道，而體現這股能量是她的任務。母神是原版模型，是那張凝聚我們所有人的互聯大網。

虔心實踐任何母神形象都有助於向好母親原型打開心扉，最終以更慷慨和溫暖的存在取代那個無法付出的母親形象。我們需要可供參考的典範才能發展內在的好母親，而對許多人來說，信仰提供的典範很有幫助。

善用好母親的「好」

不論你是將宇宙之母視為母親，或是跟扛起好母親角色的人（性別不拘）建立了情感連結，有安全感的關係肯定對你有好處。

我們可以透過與好母親的情感連結學到她的正面人格特質，例如自信、仁慈、慷慨等等。安全型依附的孩子覺得與家人同住的環境也屬於自己（孤兒院裡的孩子不一定有這種感覺），同樣地，假使你對母親有完整的、充滿安全感的依附，你可以自由取用母親的本質，並且在母親的本質裡感到輕鬆自在。例如你或許會模仿母親的行為、她的站姿或她歪頭的角度，但這也可能體現在更深的層次——孩子覺得自己是母親的心的一部分，也覺得母親的特質是自己的一部分。

崇拜母親的孩子將母親理想化之後，也會繼承這個理想形象的部分光環。安全型依附的孩子覺得「我媽媽真特別」的同時，也會覺得「我也很特別，因為我是母親的一部分」，這一點與「母親是源頭」有關 P041 。

獲得母愛支持的第二次機會

　　幸好就算童年欠缺母愛，成年之後還有第二次機會能得到母愛的支援，而且，能提供母愛支援的人際關係不只一個。我們可以從很多地方獲得愛、滋養、引導、鼓勵、鏡像同理、保護和其他的好母親功能，例如伴侶、治療師、好朋友、姻親、心靈導師、人生導師，還有從我們內在深處慢慢發展出來的母親。

　　有人持續支持我們是很大的福氣——前提是要我們願意接受，要是執著於過去的缺愛而拒絕接受，就無法獲得療癒。為此，你或許得承受許多不安，努力克服覺得自己不配獲得這些的卑劣感，並學習去信任，這個過程勢必充滿掙扎，但是，接受這種滋養是療癒母愛創傷的重要關鍵。

　　明白對方的給予是出於愛，而不是出於義務，我們的內在會被深深觸動（母親在情感上缺席會讓孩子覺得她的照顧只是出於義務）。接受這份無條件的愛與照顧能使我們慢慢發展出健康的權利意識，知道自己的需求很重要，而且有資格獲得支持和撫育。久而久之，我們的立場會變成一種正面的期待，相信自己的需求一定會獲得滿足。

　　為了達成這個目標，替代好母親的人必須對我們很慷慨：不吝於付出關注、喜愛、讚美，並且給我們充足的反思空間，情感缺席、欠缺表達、忽視孩子的母親給予得很少，因此慷慨是療癒的關鍵元素。有件事常常令我們感到驚訝：慷慨的母親把滿足孩子的需求當成一大樂事，而這份快樂對她自身的成長亦有貢獻。

　　扮演好母親角色的人顯然必須是讓你感到安心的人。你正在經歷的事不亞於一場劇烈的質變，你的自我形象、人際互動方式都不同以往，長期處於「凍結」狀態的內在小孩正在覺醒。

　　如果你有堅硬的防備和批判旁人的習慣，你需要跨出這種慣性才

> 有人持續支持我們是很大的福氣——前提是要我們願意接受。要是執著於過去的缺愛而拒絕接受，就無法獲得療癒。

能展開療癒。你必須維持柔軟、願意接納，就像毫無戒心地在母親臂彎裡熟睡的孩子，因此，你需要找到能讓你做到這一點的人，而且是值得信任的人。

切記，這是一場旅程，而且是一趟漫長的旅程。

小孩子並不會一夜長大，我們的目標是療癒心靈裡受傷的部分，成為一個健康的、完整的成年人，而這將是一個循序漸進的過程。就我自己來說，想像內在小孩正慢慢獲得療癒會很有用，但你也可以試試別的方法，例如想像自己在填補缺口或強化內在系統，吸收以前缺少的養分。

尋求伴侶的支援

希望愛情與婚姻滿足過去未獲滿足的需求，是非常自然的事，不過這個選擇有好有壞。我們的確能在愛情與婚姻裡感受到照顧、溫柔的擁抱、珍視，愛情或婚姻能滿足我們對依偎和撫觸的需求，我們也能在愛情與婚姻裡放下戒備，展現溫柔可親的一面。

然而，愛情與婚姻並沒有這麼單純，它們常常也是家庭與物質生活的合夥關係，而且通常包括扶養孩子；我們的性需求主要在愛情與婚姻裡獲得滿足，但於此同時，我們也必須擔負撫育和照顧他人的責任……由於多個角色同時並存，因此，想藉由愛情與婚姻來滿足童年未獲滿足的需求，往往會碰到幾種特殊情況。

以下這些問題或許能幫助你檢視目前的愛情或婚姻，如果你目前單身，這些問題能幫助你反思過去的愛情或婚姻。

■ 這段關係滿足哪些心理與物質需求？你們雙方有一人扮演對方的好母親嗎？是誰在扮演好母親？

- 你們雙方是否其中一人負擔較多育兒工作？還是兩人輪流？親子關係對你們的愛情或婚姻關係有沒有影響？

　　如果我們想要滿足自己以前未獲滿足的需求，卻沒有先跟另一半達成共識，就有可能會帶來問題。剛開始約會或嘗試親密接觸時，我們通常不會詢問對方：「你願意當我母親嗎？」如果在不知情的前提下被安排了母親的角色，伴侶可能會感到憤恨——尤其如果必須「全年無休」的扮演母親，他們會更加憤恨。

　　較好的做法是給對方選擇，雙方商量出需要滿足的特定需求。我們可以用成年人的方式提問，例如：「你可以抱抱我嗎？我覺得很寂寞，很沒有安全感。」「我的內在小孩很害怕，想聽你說情況一定會變好。」「我現在需要你鏡像同理我的感受，讓我知道有人聽見我的聲音。」

　　跟對方商量的角色最好是「成年的你」，有很多書籍與課程能幫助你學習如何提出要求（如果討論內在小孩或「小孩角色」對你來說很陌生，你可以先閱讀第十一章）。不過，這並不代表內在小孩不能與伴侶建立關係，成年的你可以發揮足夠的保護作用，評估在這段關係裡怎麼互動才合理、主導你與伴侶的討論；內在小孩可以站出來提出要求，但是他們應該要知道伴侶不是這段關係裡唯一的成年人。

　　你或許認為在其他地方處理大部分的內在小孩療癒和重新撫育會比較好，但偶爾請伴侶撫育你的內在小孩也很好。

　　在愛情與婚姻裡，我們也必須願意交換角色，為伴侶提供撫育、保護和照顧。交換角色可以用在成年人之間，也可以用在親子之間，其中一人以父母的角色撫育另一人。成年的伴侶雙方也能以孩子的狀態交換角色；假使你們兩個都是受傷的孩子，可能會有很多痛苦與指責，但是兩個孩子一起學習「復原與信任」可以是一件好玩的事。

我們都想獲得母親無私的愛，但別忘了這不是成年伴侶的義務，他們也有自己的需求和限制，既然我們已經長大，我們必須為自己負責。當然，你還是可以覺得脆弱，甚至也會感受到根植於襁褓期的需求，但是你的伴侶可以選擇要不要回應這些需求，因為這些需求終將是你的責任。請伴侶滿足這些需求，只是眾多方法之一，就算伴侶在某個時刻做不到，你仍然有其他的選擇——千萬不要深陷在內在小孩的感受裡而忘了這一點。

伴侶滿足襁褓期需求的其中一種做法，是維持寶寶「感受自己屬於母親的合而為一狀態」，這是種被稱為「融合」的關係。當兩個人融合在一起時，他們不知道彼此是獨立的、不同的個體，談戀愛之所以令許多人陶醉，部分原因正是這種合而為一的感覺。久而久之，雙方的差異慢慢浮現，合而為一的感覺隨之消失，雙方便感受到自己是獨立個體。如果你捨不得離開融合狀態，或許會抗拒分開，堅持抓住合而為一的感覺，而這將會造成問題：如果你不明白伴侶已經獨立於你，就無法照顧伴侶的需求。

如果人生初期的需求在愛情或婚姻裡舉足輕重，我們可能會被這些需求綁架，有些人很難分手或離婚，是因為他們把許多基本撫育需求投射在伴侶身上，尚未做好離開母親的心理準備。

重蹈覆轍

許多治療師相信，成年人會無意識重複小時候親子關係中不健康的模式——例如選擇像爸媽一樣沒空照顧自己的伴侶，以這樣的個案來說，療癒的關鍵通常在於先察覺到這種模式，藉由治療或其他方式處理童年創傷，然後在戀愛或婚姻關係裡做出全新的選擇。想從與媽媽相似的伴侶身上，獲得你沒有從媽媽身上得到的東西，這樣的嘗試通常會以失敗告終。

 你的伴侶可以選擇要不要回應你的需求，尋求伴侶的支援只是眾多方法之一。

可惜這種情況很常見，我們被與父母有相同缺口的人吸引，目的是為了無意識地療癒原痛。不過，現在已有專門針對這種狀況的療癒課程，例如心像式關係治療，治療師會幫助個案利用關係裡的困難喚起過去的創傷，然後進行療癒；又如情緒取向伴侶治療，則是利用伴侶關係修復依附創傷。從這個觀點來看，人們並沒有選錯另一半：他們為了療癒而選擇了「最適合的伴侶」。

以下的自我探索或許能幫助你檢視自己的模式：

- 寫一段文字描述小時候和媽媽相處的經驗，不一定要寫出完整的句子，你甚至可以只寫一串形容詞。接著，再寫一段你經歷過的意義重大的伴侶關係，然後找出兩段的相似之處（注意：意義重大的伴侶關係不一定歷時很長，而是充滿激情或深刻的互動）。
- 你的伴侶關係裡，衝突與混亂的來源是什麼？是否與童年早期的任何元素相呼應？
- 在你目前的伴侶關係中，有哪些跡象代表你有尚未了結的往事或非安全型依附？
- 現階段的你能否和心情穩定、有耐心、包容、充滿愛的人在一起？或是你喜歡跟花心、不專情的人在一起？

未獲得滿足的童年需求出現在成年生活裡，可能會是以下幾種展現方式：

- 對「支持」與「保證」的需索超出合理程度。
- 伴侶沒有立即回應需求時，你會沒有安全感、嫉妒和發怒。
- 無法容忍伴侶不在身邊。
- 關係維持融合狀態，兩人像「連體嬰」。

- 將母親的負面特質投射在伴侶身上。
- 認為伴侶比自己更高一等，覺得對方比較聰明、能幹，而且也比你有價值。
- 容許伴侶對你棄之不顧或置之不理，或是用跟小時候一樣的方式回應這種漠視。
- 不期待伴侶在情感上與你親近（你沒有從母親身上得到這樣的親近，所以毫無期待）。

安全型依附的療癒力

　　作家蘇珊・安德森的著作《從遺棄走向療癒》指出，在有安全感的關係中，伴侶所發揮的功能，很類似安全型依附中的母親所發揮的功能——這兩種關係都提供了主要的歸屬感、安全感與連結感。在提到成年人的關係時，她寫道：「很多人之所以能發揮這樣的功能，是因為他們在主要關係中充滿安全感，他們很有自信、獨立自主、心滿意足，因為他們知道有人對他們不離不棄。」然而，這種關係的破裂，很可能會嚴重破壞自信與身心健康。

　　我們確實經常發現伴侶關係的好處多多，例如促進健康、延年益壽，此外，非安全型依附的成年人也可以在伴侶關係中轉變成安全型依附的人，享受伴侶關係的益處。

> **練習　擁抱的機會**
>
> 　　你可以找伴侶或朋友做這個練習。利用這個機會讓一個令你心安的人抱著你，放心接受擁抱，在這個當下，你並不需要做任何事來換取這個擁抱，也不需要給對方任何回報。想像是你的內在小孩接受擁抱，療癒效果最佳。
>
> 　　回想一下，我們經常聽見女性們抱怨，她們想要被擁抱，但如果另一

半不把索求擁抱當成做愛的機會，那她們就很難得到。這個練習是滿足這些童年需求的好機會。

你找的練習對象必須同意遵守原則，提供安全、無性愛意圖的擁抱。這是一個互相幫助的練習，雙方都有機會獲得和給予擁抱，請自己決定順序。練習的雙方最好能就擁抱的時間長短達成一致的共識，二十分鐘是一個不錯的長度。

基本原則是提供擁抱的人不要輕拍或安撫對方，只要當個單純的、包容的存在即可。練習時，通常雙方是坐在地上，「孩子」坐在前面，「好父母」向後傾斜，背靠在牆上。可使用枕頭，讓孩子向後躺的時候舒服一點，也可稍微減少肢體接觸的尷尬。孩子向後躺，靠在好父母扮演者的胸膛上，好父母伸出雙臂環抱孩子。孩子可以隨心所欲地換姿勢。扮演孩子時，請盡量放輕鬆，好好體會這種原始的支持和撫育形式。擁抱時不要說話。

交換角色後，花點時間討論剛才練習的心得。

別忘了讚美自己有勇氣和決心嘗試沒做過的事。假使一切順利且雙方都很滿意，可以安排下一次練習的時間！

有位女性表示，她第一次做擁抱練習時，焦慮地每隔幾分鐘就確認一次──她已做好夥伴可能棄自己而去的心理準備。一直等到夥伴不動如山了大約十分鐘之後，她才有辦法完全放鬆下來，感受自己正在接受擁抱，這個「容器」很安全，她可以安心留在這裡。這是一次深刻的體驗，讓她有一種自己「值得對方留下」的全新感受。

想想有多少孩子不曾和母親共享這樣的時間，也不曾覺得自己重要到值得母親全心對待——就算只是短短幾分鐘也不可得。這個練習有助於改變這種深刻的銘印。

「隨身攜帶」好母親

據信幼兒會在心裡畫一張母親的畫像，這張畫像隨時陪著他，在他慢慢脫離母親的過程中提供協助，因此，就本質上來說，建立一種好母親形象的內在意識，就等於隨身攜帶一位好母親。

你可以把你對發揮好母親功能的人的記憶集結起來，不過，你能做的事不只如此，你也可以將對方的愛與支持內化。

我就曾經想像過治療師雙手捧著我的心，非常溫柔且專注地支持著我，我覺得我好像可以將這個意象存放在心裡，使它成為我的一部分。我也經常在日記裡和治療師對話，她有時會語出驚人，不過從未偏離我所認識的她。

接納與內化好母親能量不全然是精神上或心理上的過程，如果你想要沉浸在這些正面的感受裡，就必須讓它們充滿你的身體。

這裡推薦一個簡短的練習，可以用來輔助你去內化任何一種想要加強的感受或「資源狀態」。你可以用以下這個練習來接納他人的撫育、幫助你與好母親原型建立連結，或甚至與第二章介紹的好母親角色建立連結。

> **練習　加強資源狀態**
>
> ■ 先有意識地選擇你想要加深的感受與內化的東西。這個單純的意圖出現時，請注意你最初是如何表達這份意識，是視覺上的畫面？身體的某種感覺？另一種感官渠道？還是多種感官渠道的組合？

- 接著,請觀察它對你的呼吸和你的肌肉張力產生什麼影響?它使你的身體暖起來還是冷下去?有其他的感覺嗎?
- 你能否把這種感覺傳到身體各處,包括你的腳趾?
- 這種感覺如何影響你的姿勢呢?它有沒有打開或支持身體的特定部位呢?
- 留意出現在腦海中的任何記憶或畫面。
- 你能用什麼方式讓自己想起這個經驗(例如一個畫面、一個字、一段身體感受的記憶)?

當然,你愈常做這樣的練習,得到的結果就會愈鮮明生動,而且也愈持久。

將依附對象或任何象徵智慧的人物內化之後,你可以在有需要時向它求助,當它成為你的一部分,你就會擁有更強的恢復力。下一章會進一步討論這個觀念,包括如何利用你隨身攜帶的內在好母親。

呵護你的內在小孩
撫育過去受傷的自己

有些孩子帶著太多創傷,在這樣的基礎上,他們最終成長為有創傷的成年人。

就算這些創傷大致上都被我們控制得很好,不會顯露出來,但當它們偶爾跑出來的時候,就會使我們做出不成熟的行為。

　　你或許聽過「三歲定八十」這句話,意思是童年將為成年後的人生奠定基礎,這個基礎至關重要,小時候恢復力強,就有機會成為一個恢復力強的成年人。

　　遺憾的是,有些人沒有機會在童年時發展出足夠的恢復力,身為孩子的他們帶著太多創傷,在這樣的基礎上,他們最終成長為有創傷的成年人。

　　就算這些創傷大致上都被我們控制得很好,不會顯露出來,但當它們偶爾跑出來的時候,就會使我們做出不成熟的行為。

　　幸好,療癒這些童年創傷永遠不嫌晚,具備恢復力的孩子依然有機會出現,為具備恢復力的健康成年人提供基礎。

 療癒童年創傷永遠不嫌晚。

療癒內在小孩的常見方法

　　討論受傷的內在小孩會令許多人感到不舒服，他們對小孩沒什麼耐心——包括內在小孩，光是想到內在小孩，就會讓他們像碰到真實的人類小孩一樣煩躁。

　　儘管如此，已有千百萬人藉由療癒內在小孩得到幫助。我將內在小孩稱為<u>小孩狀態</u>，因為並沒有證據顯示內在小孩只有一個；人們以為內在小孩等於內在世界——準確地說是等於「感受和衝動」，但我認為這是錯的，因為感到悲傷或生氣不一定和內在小孩有關。

　　人類是非常複雜的生物，並不只有一種穩定的人格，我們是由許多角色（或部分）組合而成，它們會在不同的時候發揮作用。我們有各種小孩狀態，每種狀態各有信念、感受與記憶，有時候它們會在某個年紀聚集起來，有些小孩狀態很有智慧，有些很有創意，有些身上帶著特定的經驗，例如創傷或被遺棄的傷。

　　如果我們真心想要了解自己，也想要盡量維持自我的完整，了解各種內在小孩狀態會很有幫助。

　　療癒內在小孩的主要方法包括：

- 透過引導冥想、意象或催眠，找到自己的小孩狀態並且與其互動。
- 用童年的舊照片幫助喚回當時的記憶與感受。
- 用人偶娃娃、泰迪熊或簡單的道具（代表各個小孩狀態）幫助了解內在小孩的感受，或是讓成年的你練習扮演提供撫育的父母角色。
- 用藝術創作讓內在小孩表達自己，尤其是年幼的小孩狀態。
- 寫信給內在小孩或讓內在小孩寫信給自己，做為一種溝通方式。
- 透過日記、內在自言自語或自我內心對話，讓成年狀態與小孩狀態進行對話。

療癒內在小孩既可以獨自進行，也可以借助工作坊或治療師的協助——畢竟即使老師或治療師帶你認識了療癒，而且你也藉由療程深入體驗到療癒，一旦你回到家裡，你還是要自己設法維持與內在小孩的關係。

我個人認為，露西雅・卡帕席恩（Lucia Capachione）的《找回內在小孩》提供的引導最為實用，書裡有四十幾種練習，涵蓋各種活動。卡帕席恩運用豐富的藝術創作和書寫跟內在小孩溝通，她用換手書寫的方式區分內在成年人與內在小孩，並以非慣用手書寫內在小孩的感受，這個方法後來廣為使用。

約翰・布雷蕭的暢銷著作《走出成長迷思：回歸內在》使用大量書信與肯定的詞彙提供童年欠缺的好父母訊息，並且按照發展階段逐步處理（是個好主意）；不過，他用偏向佛洛伊德派的方式描述各個階段，這一點我就比較難以接受了，因為我認為，你不需要借助戀母情結等理論，也能回應內在小孩和他們的需求。

雖然我們不一定知道內在小孩的狀態，但我們經常跟這些狀態融合在一起，感受到與童年時期相同的情緒和需求。我們可能會陷入青春期的焦躁或兩歲幼兒的憤怒，很黏人或很沒安全感，執著於自我撫慰，或是覺得自己年紀太小不能獨自面對這世界。區分並定義自己的每一種狀態會對我們很有幫助，我們可以藉此與每一種狀態建立關係，並且知道自己來自何方。

有些人相信我們的成熟度永遠不會超越內在小孩，所以重點是維持內在小孩的快樂與健康，也有人認為療癒內在小孩的理想目標是把離散的部分整合起來，凝聚為成年人。我個人沒有偏好，這兩種想法都很好，有個體貼、活潑的內在小孩很好，把內在小孩的正面特質凝聚為成年的自我也很好。

需求獲得滿足使孩子得以成長，同樣地，滿足內在小孩過去未獲

滿足的需求便是它們成熟的機會,那些繞著需求團團轉的部分自我也可望漸漸消散。有些小孩狀態帶有重要天賦,這些特質通常會在童年時期遭到抹煞而消失,而現在我們有辦法找回來。這些特質包括下一段將說明的自然小孩特質。

孩子是自我的母親

本章開頭提到的「三歲定八十」,字面上直譯的意思是「孩子是成年後的自己的父親」(the child is father to man),同理,我們也可以說「孩子是真實自我的母親」。

有句話說,「孩子是真實自我的本質。」這是榮格對孩子原型的描述,他認為這種原型象徵著完整。

這種原型被稱為自然小孩或聖童,它的特質包括:

- 誠實與真實。
- 體貼與慷慨,有一顆關懷的心。
- 天真與「初學者心態(願意把一切都當成第一次來看待)」。
- 開放與信任。
- 想像力與直覺認知。
- 好奇心。
- 驚奇、敬畏與遊戲的態度。
- 率真與不加修飾的自然行為,我們都喜歡的幼兒特質。
- 活躍的生命力。

大部分提倡療癒內在小孩的人除了想要療癒受傷的小孩,也想要找回這些美好的特質。

整合你的內在小孩

目前已被辨識出來的內在小孩狀態很多，當中最為常見的有自然小孩 P181、脆弱小孩、受傷小孩、被忽視／遺棄的小孩、憤怒小孩等等。當然，我們也有多個「成年」的角色，例如發揮撫育等關鍵作用的內在成年人。

察覺到有這麼多不同的角色存在，自然會出現許多與「整合工作」有關的討論，這是常見的自我探索方式，也是許多治療師會使用的詞彙。

想要開始探索這些內在角色，只需要允許自己進行這方面的思考，並且願意放下懷疑和恐懼，開始關注內在。只要關注自己的感受、行為模式、內在評論和肢體語言，就能與形塑經驗的內在角色同頻；這些角色各有各的需求、動機、信念、記憶與獨特之處。

有些人認為內在有截然不同、看似獨立的不同角色是一件令人不安的事，這使他們想到過去被稱為「多重人格障礙」的解離性身分疾患 P146，並因而感到害怕。

內在小孩和解離性身分疾患的差別在於：解離性身分疾患患者的內在角色與意識完全脫節，它們很難建立聯繫和共存，解離性身分疾患患者「沒有時間感」，會因為發現自己一無所知的行為痕跡而感到震驚；角色之間的切換並非出於意志的控制，而且這些角色主要誕生於創傷。解離性身分疾患患者進行整合療癒後，角色之間將更容易察覺彼此的存在，合作的程度會上升，這也是大多數「整合工作」治療的目標，對其他族群也同樣適用。

有些較新的治療強調，每個人內在交替出現的自我「都像真實的人」，有自己的風格與能量特徵。我們似乎逐漸了解和接受所有的系統都自然擁有多重性——包括人類，只要你的衣櫃裡沒有出現陌生的

放下懷疑和恐懼，開始關注自己的感受、行為模式、內在評論和肢體語言，就能與形塑經驗的內在角色同頻。

衣物,也沒有路人突然跟你打招呼、用不同的名字叫你,就表示你的多重性不會干擾你的生活。

誰的內在沒有一個愛鬧脾氣的小孩或暴躁的批評家?這些角色的存在很正常,但我們最好認識一下這些角色,「在它們上場時逮個正著」,然後以此為基礎決定該怎麼下手。

我認為給這些角色取名字,再把它們跟某種意象聯想在一起會很有幫助,你可以利用美勞材料、貼上自己的照片,只要是你覺得有用的方式都可以,任何物品都沒問題(例如絨毛玩偶)。你可以從某個特定的象徵道具著手,如同所有的形象都會隨著時間慢慢改變——它只是生命中的一張snapshot(電腦儲存技術,可記錄系統在某個時間點的狀態),你的象徵道具也會發生變化。你可以使用多個象徵道具,以各種有創意的方式組合跟變化。以下是我協助瑪麗亞進行療癒的過程。

瑪麗亞的故事:內在小孩的轉變

瑪麗亞之所以開始認真進行整合工作,是因為她發現情感缺席的母親確實在她的心裡留下缺口。她經歷過家暴,治療師請她與內在小孩聯繫時,她只找到一個薄弱的、無實體的「幽靈小孩」——幾乎沒有任何快樂的童年記憶可幫助瑪麗亞尋找恢復力強大的小孩角色。不過,她同意添購一些美勞材料來進行整合工作。

買到美勞材料之後,她持續聽到一個內在聲音要她製作一個象徵道具,她感到相當驚訝。她用了紅色圖畫紙、亮粉和包裝紙上剪下來的照片做了一個小孩的圖像,名字叫草莓。

瑪麗亞認為草莓是恢復力強大的小孩,誕生於我們幾年下來的合作,以及她對我(治療師)的安全型依附。草莓活力十足,有很多未經外力影響的智慧與感情,在許多人的眼中,草莓是自然小孩,瑪麗亞認

為，若她曾獲得適當撫育，有機會綻放自我，就能成為像草莓一樣的小孩。對瑪麗亞和其他的小孩角色來說，草莓成了撫慰與引導。

這些受傷的角色包括被遺棄的寶寶（胸口有一個淌血的洞）、石頭小孩（代表震驚狀態）、暴怒（與受虐有關的憤怒）。瑪麗亞還做了另一個象徵道具叫天真無邪，並且與天真無邪進行對話；天真無邪代表她未受傷害的原始本質。

經過在家裡與療程中的療癒，石頭小孩漸漸消失，暴怒也撤退離場——暴怒在離場之前，曾要求其他角色認可他的存在。

象徵被遺棄的寶寶的象徵道具持續變化，到後來變得更加明亮、更加複雜。瑪麗亞找到一張自己的舊照，用在一個她稱之為「原始受傷小孩」的道具上，她把這張照片貼在一個小盒子上，再把剩下那些象徵受傷小孩的道具放進去。

這個（多個角色組成的）受傷小孩有三個主要資源：她的成年自我（正在練習成為提供更多撫育的內在父母）、我（治療師）與草莓。在三個主要資源的關愛下，受傷的小孩變得愈來愈開朗、快樂。

後來瑪麗亞把受傷的小孩（現在以本名稱呼）跟草莓組合起來，代表它們之間的界線變得愈來愈容易穿透。她也做了象徵成年自我的道具（隨著時間變化），以及象徵心靈核心自我的道具，她稱之為古人。

隨著角色的整合程度上升，瑪麗亞的整合工作慢慢退居幕後——這種情況很常見。瑪麗亞放下自我防備之後，她的成年自我增添了更多天真無邪的味道，支持這個轉變，包括我在治療中提供的鏡像同理、草莓，以及瑪麗亞在內在和外在世界適當保護自己的能力。

我們可以說，瑪麗亞從石頭小孩演化成體貼的小孩，然後再演化成充滿關愛的成年人。對瑪麗亞來說，整合工作不是療癒的唯一因素，但肯定是重要因素。

禮物與負擔

解離的角色通常背負著心理負擔，他們彷彿接受了有毒的情感材料，並且成為唯一的乘載器具，好讓系統裡的其他角色不需要處理這些毒物。當他們可以分出這些負擔並且處理相關感受、進而卸下這些負擔時，它們就會轉變，變得更輕盈、更自由、更快樂。

角色以有趣的方式慢慢轉變，他們可以從感覺像是休眠的、非人類的實體，轉變成有個性的、隨著時間演化的自我。當未獲滿足的需求獲得滿足、隱藏的感受獲得認可，這些角色就可以放下這些需求與感受，它們的作用與特徵也能隨之改變。

在最深層的療癒中，我們接觸到比個人經驗更宏大的東西，那是當事人最深層的本質卻又不止於此，也就是我在後面蘇菲亞的故事中描述的超越個人的狀態 P190。我們可以把它當成一種原型能量，亦或是榮格所說的自然小孩或聖童 P181，有些傳統文化稱之為真我。這一類比較本質的能量通常也比較植根深處。

這些能量是禮物！其實我們也可以說他們是受傷的角色，正在慢慢演化或下沉到更深層的地方，但這並沒有那麼重要，重要的是接受這些禮物，讓他們永遠成為我們的一部分。

多管齊下

內在家庭系統治療（IFS，Internal Family Systems）與自我內心對話是兩種比較廣為人知的整合工作治療，還有一種治療將整合工作中特別有效的做法用於療癒「發展創傷（童年缺陷）」，這種治療叫做「滿足發展需求治療」。

這種治療使用特定方法去辨識和療癒未獲滿足的需求，提供撫育的成年自我、提供保護的成年自我與心靈的核心自我都被當做重要資源。你可以將撫育型成年自我與保護型成年自我歸類為我所說的好母

親──年幼的角色總是需要被以父母自居的角色給照顧；至於心靈的核心自我，則是「超越個人的自我」的一個版本。

許多治療師──包括我自己在內──都認為整合工作很有價值，但是他們不會只用一套固定的策略。我治療欠缺母愛的成年人時，幾乎都會涵蓋到內在小孩的療癒，這是治療中相當重要的部分。

雖然內在小孩的療癒能用簡單的方式說明，但過程卻一點也不簡單，我發現療癒時間最長的個案是那些經常處於小孩狀態的人，或是內在系統很複雜、彼此幾乎不溝通且衝突不斷的人。

我們來看一看這兩種情況：

■ 沒有足夠的成年角色

小孩不應該獨自探索成年人的世界，因為他們尚未做好準備；經常處於小孩狀態的成年人，會跟缺乏安全感的小孩有相同感受：常常害怕惹上麻煩、覺得自己不夠好、孤單沒人愛（而且不值得愛）、害怕被拒絕、情緒失調、極度軟弱無力，有些人則是覺得一有衝動就很難不馬上行動，對過著「小孩時間」的他們來說，每件事都必須立刻做，否則就永遠不會成真；有些住在成年身體裡的內在小孩耽溺於自我撫慰──可能是食物或藥物，或是只做自己想做的事，他們也經常抗拒自律，按照佛洛伊德派的說法，他們只有本我──「無論什麼時候，我想要的東西就是要立刻得到。」

依照心理動力學的解釋，活在小孩觀點裡的成年人欠缺自我發展──用我的理論架構來說，就是內在沒有足夠的成年角色。他們必須學習延遲滿足；停止「用感受思考」，變得更加客觀；嘗試冒險，因為知道自己能承受失望；對自己的身心健康更加負責。此外，如果他們已婚，通常會讓配偶擔任父母的角色，用孩子對父母發脾氣的方式生配偶的氣。

有些人欠缺上述的成年人技能，至於另一些人，有趣的是他們雖然也欠缺一些成年人的技能，卻能在生活的某些方面表現良好，我想到一位男性的情況，他在工作和育兒方面大致沒問題，但是他不敢在人際關係方面冒險，因為他的內在小孩會接手掌控，使他被自己不配、不值得愛、不足夠的感受所淹沒。

所幸，只要我們的內在至少擁有一部分的成年人能力，就能召喚這分能力來幫助發展不足的角色。我很喜歡心理治療師兼作家阿諾・明岱爾（Arnold Mindell）使用的「前緣」與「後緣」觀念，如同前面的討論，我們內在都有多重角色，能力較強的內在功能屬於前緣，最年幼的角色通常屬於後緣──阻撓人生往前邁進的正是後緣。

發展一個撫育的父母之聲來提供鼓勵、支持與關懷，有助於年幼的角色變得更加獨立──這個聲音能關閉把它們嚇到不知所措的驚嚇反應。有了支持的力量與「接受支持」的關鍵技巧，內在小孩就能繼續發展，而練習扮演父母的角色也能使成年人變得更堅強。

■雜亂無章的系統

不論是理察・舒瓦茲（Richard Schwartz）的內在家庭系統治療，或是解離性身分疾患等障礙症的治療，在在都告訴我們：一個人的心靈可能會變得極度複雜。

如同艾瑞克・伯恩（Eric Bern）將近五十年前提出的溝通分析理論，我們遠遠不只是小孩／大人／家長這樣的單純結構。我們現在已經知道，一個人的心裡可能有上百個形形色色的不同角色，雜亂的系統感覺就像亂哄哄的精神病院，每個角色都在高聲尖叫，或是爭先恐後搶著說話。

處理這樣高度雜亂的系統，進展緩慢而極富挑戰性，不只是幕前的、有意識的角色需要多加學習，藏身幕後的其他角色也需要反覆消

發展一個撫育的父母之聲來提供鼓勵、支持與關懷，有助於年幼的角色變得更加獨立。

化那些大量湧入的新資訊。以我合作的一位女性為例，她的母親已過世一年，但我們仍不斷碰到對這件事感到震驚的內在角色。

使情況更加複雜的是，做為保護者的角色，他們認為有些事必須隱而不宣，何況他們還掌控著溝通管道——現在你明白為什麼這個系統如此溝通不良了吧？這樣的系統只能用解離來形容，因為各角色之間毫無聯繫，解離是系統的某個地方處於分離狀態，可能是與環境、身體、感受分離，或是本節所討論的角色之間的分離。

煩惱的前世今生

當人處於真正的崩潰狀態，通常都能追溯到過往的痛苦經驗，這並不是什麼新發現。很多人說這是因為活化了相同的神經通路，或是連接到一段過往經驗，而另一種不同的解讀是，這些事件擁有一個共同的媒介：經歷初次事件的角色，此刻正以某種形式重新經歷相同的事件。

有一種情況我遇到過幾次，那就是某個角色對你選擇的伴侶不滿意。或許大部分的時候你都對伴侶感到滿意，但帶著過往感受（例如缺乏安全感或渴望逃脫）的舊觀點偶爾會突然爆發。

找出心煩意亂的角色，把它從過往拉回到現在，它才有機會適應新的現實，而不是一直回顧那些痛苦的感受與恐懼。內在角色容易在特定的時刻不知所措，但現在的我們肯定比小時候更加有能力，因此引導內在角色來到現在，可以幫助它們將新資訊與新能力納入考量，以資源更豐沛的立場做出回應。

另一種情況是做出不符比例的反應，例如成年人把孤獨視為難以承受的威脅。以我的經驗來說，成年人害怕獨處，十有八九是來自內在的小孩角色，或許他曾因獨處而受到創傷，隨之而來的危機感銘印在「獨處」這件事上，問題出在恐懼以及和獨處有關的聯想，而不是

獨處本身。害怕獨處的小孩角色可能需要從過往的經驗裡獲得拯救，或是需要得到撫慰，如果你已發展出撫育的父母之聲，這時可以派上用場，撫育的父母能提醒害怕的小孩，現在已經沒有危險了。

對失能的母親放手

最困難同時也最致命的一種互動關係，是小孩角色堅決不肯離開母親，這個小孩覺得媽媽就是要一直陪著我才對，儘管母親失敗了無數次，他依然拒絕放過母親。這個年幼的孩子認為：只要我吼叫的聲音夠大、時間夠長，媽媽就會過來。

可惜的是，現實並非如此。面對成年子女希望她依照內在小孩的要求時時刻刻關注自己時，母親的回應通常不是太好，而這會使雙方陷入沮喪和衝突的狀態。在此介紹一種三階段療法：

一、幫助正在接受治療的成年人了解到，這些需求來自小孩角色、現在不一定恰當，而且需求可能不會獲得滿足。
二、勇敢面對小孩角色的沮喪、憤怒、絕望或無助等各種情緒，此外，在接受自己的渴望不會被滿足的現實之後，隨之而來的悲傷也需要好好地處理。
三、幫助小孩角色記住自己棲身的這位成年人。如果還沒有發展出撫育的角色，現在就必須這麼做。通常這個角色早已存在（例如在實體世界有孩子，本身就是提供撫育的父母），只是還沒與內在的小孩角色建立連結。小孩角色可能得花點時間才能信任這位成年人，建立所謂的內在安全型依附。內在小孩緊緊抓住以前的母親不放，基本上我們要做的就是掰開他的手，讓他轉而依附我們發展出來的、對它更有回應的內在母親。

階段一可能也包括幫助這位成年人用更客觀的視角看待母親（這需要更成熟的心智）。當我們能理解母親的狀態、能力與限制，就不會再認為她故意對我們情感忽視或虐待，並且把需求轉向能夠獲得滿足的地方。

蘇菲亞的故事：找回失去的自我

蘇菲亞來找我之前，已經試過非常多種心理治療。我們兩個也試過許多方法——整合工作只是其中一種；我們還用過許多經典治療：檢視信念、處理感受、意象訓練、角色扮演、構思新的應對策略、解讀過去的手稿、回顧部分過往創傷等等。

跟我過去見過進步最多的個案一樣，蘇菲亞平常會進行大量的情感處理，對療癒展現出強大的決心。因為與整合工作有關，我在此簡短分享她的故事，希望能幫助你進一步了解整合工作的深度與廣度。

一開始，蘇菲亞對處理內在小孩角色充滿期待。她與內在角色的相處經驗無比清晰，她描述的互動過程與外在世界的互動一模一樣——只是這些互動發生於內在。

我們處理的第一批角色包括一個子宮裡的胎兒，它連一眼都不願意看她。我們必須知道的是，蘇菲亞住在母親的子宮裡時，母親曾出現一些可能導致新生兒天生缺陷的併發症，醫生於是建議她父母人工流產。毫無意外地，她曾在不想活下去的感受裡苦苦掙扎——此刻我們處理的就是懷有這種感受的角色。

蘇菲亞在一間房裡放了張嬰兒床，並經常待在房裡對著胎兒說話、唱歌。由於她過去曾融入胎兒角色的感受，所以我提醒並告訴她，如果這種情況再次發生，她可以問胎兒能否不要用它的感受綑綁她。

有了一個親切溫暖的環境後，胎兒在幾週內出生了，不過，一開始

當我們能理解母親的狀態、能力與限制，就不會再認為她故意對我們情感忽視或虐待，並且把需求轉向能夠獲得滿足的地方。

它並不像是完整的人類，比較像是用黑色線條畫出來的卡通人物。蘇菲亞感受得到它的反應，它帶著大量的恐懼、憤怒與受害者心態。我建議她放慢速度，給它時間一一調整。

幾個月後，不太像人類的形體長成一個成年約七、八歲的小孩，它沒有名字，我們叫它「無家的孩子」。蘇菲亞告訴我，它背對她坐著，但是喜歡靠著她，也喜歡蘇菲亞陪它說話，蘇菲亞跟另外兩個內在小孩抱在一起時，無家的孩子會坐在床邊。她試著給每個小孩它們以前欠缺的愛，為它們打造一個安全的成長環境，久而久之，這三個角色都持續變化，在這個充滿同情心的護持環境裡變得愈來愈輕盈、快樂。

療癒持續進行，在當下的問題與童年早期之間擺盪，我們處理她在家裡發揮的作用，以及這件事為什麼剪斷了她的翅膀。蘇菲亞清楚記得六歲左右的自己，當時她簽了一張承諾奉獻自己的「契約」（發生於內在）。她小時候很活潑好動，但是她覺得自己必須成為一個照顧者，除了照顧兄弟姊妹，也要照顧母親；在這之後，她的體力變得很差，活動力銳減，而且很容易暈倒。

我們的內在與外在世界以一種不可思議的方式交織在一起，現在的蘇菲亞在試圖幫助母親的過程中，可說是吃足了苦頭，而這個痛苦的經驗似乎力勸她放棄當初的契約，停止照顧母親與兄弟姊妹。

當她真的這麼做時，最美好的事情發生了：她與小時候奉獻自己之前的真實本質重新建立連結。蘇菲亞感受到豐沛的自由與快樂（跟許多孩子一樣），但是她體驗到的不只是孩子的思想與感受，那是一種超越個人的狀態（超越我們身為個人的經驗）：她感到無拘無束、不受限於身體、沒有問題也沒有需求、很滿足、心裡開闊而平靜，她感受到的快樂是一種無條件的快樂，毫無約束。我仔細觀察這是不是曇花一現的狀態，結果不是，雖然這種狀態時而出現、時而消失，但是她已找到重回這種狀態的方法。我認為，這種恢弘顯然不是解離狀態——蘇菲亞對自

己的身體與當下的困難仍有感受,這比較像是前景與背景的轉換(比喻聚焦的點不同,背景指的應是更恢弘的、超越個人的狀態),因此即使在這些困難時刻,她還是處在一個更加恢弘的世界。

這是最深的療癒深度可達到的境地!經常有人批評心理治療「沉溺」於過去,但蘇菲亞的療癒遠遠不止於此,心理治療可以超越過去,超越被制約的自我,甚至超越人類身在此時此地的限制,達到許多人稱之為「存在」的自由境界。

蘇菲亞強調,這種自由來自於處理痛苦,而不是逃避痛苦。我們從一開始合作就使用了特定的資源,她學會表達痛苦,而不是把痛苦推開,這個過程很艱辛,有些人會用「鼻涕和眼淚齊飛」來形容。隨著蘇菲亞一層層剝開過去,更多能量被釋放出來,她變得更開闊、更平靜,這些年她彷彿被困在一個狹小的箱子裡,而現在終於逃出生天。

深層療癒並不是慢慢逃離黑暗,而是持續探索新的痛苦,並且在過程中發現新的角色,蘇菲亞最近告訴我,她很高興這些角色「都有可以求助的對象」,這正是每個孩子都需要的,也是我們每個內在角色都需要的。小時候沒有人能依靠,長大後依然需要健康的成年人提供支援,蘇菲亞的故事告訴我們,健康的成年人一直都在,就在我們內心。

成為自己最好的母親

著名榮格分析師兼作家瑪麗恩・伍德曼(Marion Woodman)說:「沒有在自身存在中感受到愛的孩子,不知道怎麼愛自己。成年後,他們必須學習像母親一樣養育、照顧那個茫然的孩子。」

這是階段性的學習過程,但我們天性有這樣的潛質,能隨著成長而學會「當母親」,就像女性並非自然而然就知道怎麼為孩子提供母

親的支援，但她的本能與她的心可以被喚醒，我們具備與內在小孩狀態建立連結的能力，也能夠積極扮演它們的「母親」。

一開始可能不太習慣，也可能會遇到種種阻礙。除了可能出現的阻礙之外，在我們亦步亦趨進入內在母親的領域時，說不定會有一個潑冷水的聲音阻擋我們的腳步（最有可能是嚴厲的父母或保護者的聲音）：「這太可笑了。」這個招數是為了否定你的需求。「你根本就是小題大作。」「哪有這麼糟？振作起來！」

碰到這種情況時，了解內在角色就成了一大優勢，唯有知道這個聲音來自其中一個內在角色（一個別有用心的角色），我們才有可能選擇無視這些雜音，繼續執行原本的意圖。

下一個可能出現的阻礙，是覺得自己的能力不足。如果你不曾獲得母親的支援，你很容易覺得自己毫無概念，你尷尬無措，不知道該怎麼說、該怎麼做，硬要做一件不自然的事讓你覺得自己很虛偽——光是這一點就足以令你在此止步。

如果你已和內在欠缺母愛的角色建立了連結，或許內心會很有罪惡感，因為你沒有早點挺身而出，以至於在無意中延續了被遺棄的感受——傷害到別人是一件極度痛苦的事，沒有人喜歡這種痛苦。

我在前面提過，母親可能會為了避免觸發自身的痛苦而無意識地跟孩子保持距離，同樣的，你或許會覺得，只是為了與內在的小孩角色重新連結就揭開心中封鎖的痛苦，代價太過高昂。

除了痛苦之外，我們也害怕失去掌控權。如果我們已把某些層面（例如壓抑的憤怒、悲傷、性欲等等）藏進無意識裡，我們會擔心，再次面對它們可能會讓自己承受不住。同樣地，我們或許害怕內在小孩的需求超出我們的處理能力，會把我們壓垮，或是奪走掌控權。

如果你依然無意識地認同那個欠缺母愛的孩子（通常我們都是，而且是長期以來一直如此），你不會覺得自己是能夠大量給予的豐沛

泉源,而是覺得自己乾涸又貧乏,你或許會認為:「我自己都不夠用了,怎麼可能撫育另一個人?」我找到幾個可能會阻礙你成為自己最好的母親的因素,列舉如下。

- 你符合以下哪種情況?
  - 有貶損你、潑你冷水的訊息干擾你發揮撫育的作用。
  - 你不知道怎麼當個母親。
  - 因為沒有早一點站出來而有罪惡感。
  - 自我保護,不想感受自己的傷痛。
  - 對已被壓抑的一切感到恐懼。
  - 覺得自己沒有足夠的東西能給予。
- 什麼能幫助你克服這些阻礙?

想要成為自己最好的母親,最重要的一步是超越你的不足、恐懼與防備,讓你的心變得柔軟。

敞開的心,才有能力去愛,而內在小孩會幫你。孩子就像間「愛的銀行」:你存得愈多,利息就愈高。孩子天生就懂得付出愛,只要給予缺愛的內在小孩涓涓細流的愛,通常它會禮尚往來。一開始或許不是那麼順利,內在小孩最初對你並不信任,這種情況滿常見的,就像被母親傷害或遺棄太多次的孩子不會對母親張開雙臂,內在小孩也可能有類似的反應。若是如此,請盡你所能向它伸出手,不要放棄,建立信任需要時間。

隨著你能夠為自己付出更多關懷,或許會激發一些內在反應,這些反應與你的童年環境有些相似之處,舉例來說,如果你父親無法忍受任何人被「疼愛」或溫柔對待,當你想要用充滿關愛和溫柔的方式對待自己時,可能會聽見與爸爸極為相似的內在自我對話。你必須特

孩子天生懂得付出愛,只要對缺愛的內在小孩付出一點點愛,通常它會禮尚往來。盡可能持續接觸它,不要放棄,建立信任需要時間。

別留意，揪出不屬於你的內在感受和反應，好母親已在你的內心慢慢發展成形，請試著躲在她身後，讓她保護你。

許多欠缺母愛的女性在選擇生養小孩之後，都曾經與這些內在的力量搏鬥，她們在靈魂深處誓言不會讓孩子像自己小時候一樣遭到遺棄。她們竭盡心力學習如何成為好母親，努力尋找可學習的榜樣、看書、向他人求助——她們不認為自己天生知道該怎麼做。

同樣地，在我們重新撫育自己時，也可以許下承諾要用自己不習慣的方式慢慢努力，我們可以尋找榜樣、看書、向他人求助，也可以召喚原本另做他用的內在能力；許多欠缺母愛的人都曾矛盾地扛起撫育和照顧的責任，例如照顧手足或伴侶。輔助個案發展撫育的內在父母時，有一種治療叫做「滿足發展需求治療」 P185 ，這種方法會請個案回想自己撫育他人的記憶，然後以此為基礎，在內在創造出撫育的父母，你也可以試試。

回想一下你曾為他人提供撫育或保護，或是參與照顧他人的記憶。
請用身體完整體會這個感受，並加強這個感受。你或許已封閉了自己原本的個性，現在你要用力推它們一把，感受自己是個能提供撫育的成年人，可以如母親般照顧欠缺撫育的內在小孩。這給你的身體怎樣的感受？為扮演這個內在角色的你拍一張snapshot，方便你以後召喚這個形象。

照顧孩子一開始需要練習，但是你會做得愈來愈習慣，使這件事成為生活裡不可或缺的一部分。請留意你最初帶進來的能量，不要複製心懷怨恨的母親的感受，<u>你的孩子是喜悅，不是負擔</u>。

幸運的是，成為內在小孩（們）的好母親，本來就會使你慢慢增

強,有位女性說,她的自尊心獲得提振。能夠照顧和關愛他人感覺很棒,而且在關係穩固之後,內在小孩會用更多的愛來回報你。

為內在小孩創造安全空間

療癒,始於找到我們失聯的內在角色,我們討論的是內在小孩。許多內在小孩的角色離開和解離,是因為它們覺得這裡不安全,這些脆弱的角色必須知道現在跟你在一起很安全,情況已經不一樣了。

運用自我催眠(也就是深度放鬆與接納)進行治療的心理治療師南西・納皮爾(Nancy Napier),在其著作《尋回自我》中寫道:「把小孩拉回到現在是療癒的重要步驟。在沒有時間性的無意識裡,小孩感受到的環境仍是童年的環境,它以為那就是現在。當現在的情況使人想起過去那個失能的環境時,小孩不會明白自己現在跟你在一起,這裡已經是不一樣的地方。」

你必須在安全方面格外用心,才能把內在小孩定錨於現在。讓小孩狀態與關愛的內在父母建立一個穩固的、撫育的關係,它們就能掙脫過去,享受幸福的家庭生活。以尊重和同理的態度傾聽小孩角色,給它們表達自我的渠道,例如藝術創作或對話,就能達成這個目標。

你可以特地安排時間與內在小孩狀態對話,聽聽它們需要什麼才會有安全感。

與內在小孩相處

在你把內在小孩救出創傷的過往之後(可能需要借助治療師的力量),就可以開始建立一個對內在小孩更友善的環境。

除了單純的彼此對話之外,也可以用輕鬆自在的方式跟內在小孩

相處,做一些你知道內在小孩會喜歡的事。如果你的內在小孩喜歡戶外,你可以多做戶外運動,比如騎馬或溜滑輪,感覺都很舒服。在從事這些活動時,我們有時會跟內在小孩融合為一,但你通常只會感受到成年的自我,感受到成年的自我是件好事,成年自我能發揮照看作用,也有助於和自己建立關係、重新撫育自己。

另一個有用的方法是花時間在想像的世界裡滿足內在小孩的需求。有位女性每天都花時間跟三個內在小孩相處,而且她對待它們的方式,與對待同齡的人類小孩差不多,她幫寶寶洗澡,把寶寶抱在懷裡;青少年則是帶去逛街。她讓每個內在小孩都走過正常的發展階段,如同生活在穩定有愛的家庭一般;她像好母親一樣照顧它們,使它們漸漸療癒。

只要從現在開始,你能好好照顧內在小孩,同樣也可以療癒童年所遭受到的忽視。

練習好母親訊息

我在第一章列舉了十個好母親訊息,這裡會再寫一次——好母親訊息能幫助你成為一個為內在小孩付出關愛的母親。我鼓勵你找到能感受內在小孩的方法(利用娃娃、照片或道具),然後大聲說出好母親訊息,留意一下哪些訊息對內在小孩來說比較有共鳴、哪些對你來說尤其困難,這些就是你要著重處理的訊息。

在面對全新的情況,我們通常必須放慢腳步,這點在處理不熟悉的正面經驗時也一樣;我們必須慢慢適應它們,同時給它們時間滲入我們、被我們吸收,因此,請為這個練習保留大量的時間和空間。

用身心完整感受一段正面的經驗,在本質上就是將這段經驗「放入」你的資源庫,與身體同頻,觀察身體如何回應每一個訊息。請在

只要現在好好照顧內在小孩,你也可以療癒童年遭受的忽視。

放鬆的狀態下練習，因為放鬆狀態的你會更容易接受、也更能注意到自己的反應。

- 我很高興你在這兒。
- 我看見你。
- 你對我來說很特別。
- 我尊重你。
- 我愛你。
- 我重視你的需求。你可以向我求助。
- 你需要我時，我一定在。我會為你挪出時間。
- 我會保護你。
- 在我身邊，你可以放輕鬆。
- 你使我開心。

　　好母親訊息不只這些。你可以創造屬於自己的好母親訊息，如果能跟特定的內在小孩一起想，這些訊息會更加準確，問問內在小孩想聽見怎樣的訊息吧！
　　還有一個練習是用小孩的聲音寫出令它安心的肯定句。比如說：

- 媽媽喜歡為我付出和幫助我。
- 媽媽一直都在，隨時回應我的需求。
- 媽媽以我為榮。
- 媽媽非常喜歡我！

　　這些練習不是做一次就結束，你練習得愈頻繁、愈深刻，這些訊息就會在你的內在站得愈穩固，形成一個全新的基礎。

> **練習　給內在小孩的一封信**
>
> 為內在療癒安排一段不受干擾的時間，營造舒緩的氣氛（例如適當的背景音樂、點一根蠟燭、關掉手機，或是去一個特別的地方）。
>
> 短暫的專注冥想之後，寫一封信給你的內在小孩（如果你沒有分化出數個小孩狀態的話）、某個特定的小孩狀態，或是某個特定年紀的小孩角色。
>
> 寫信人可以是正常成年狀態的你，或是（可以的話）提供撫育的內在父母。告訴這個小孩你對它的遭遇有怎樣的感受，並在適當和真誠的前提下加入好母親訊息。

治癒沒人愛的內在小孩

對大多數欠缺母愛的人來說，重新撫育的重點在於療癒沒人愛的內在小孩，當然其他需求也需要滿足，引導、鼓勵、保護、定錨等，滿足這些需求也能療癒沒人愛的內在小孩，但最重要的是提供一個溫暖、關愛的連結——如同所有的小孩，這個內在小孩需要被愛。

有個內在小孩告訴我，它需要被人抱在懷裡，沒有任何條件也沒有時間限制——它需要好媽媽的「包覆」；有些嬰兒狀態非常脆弱敏感，需要非常溫柔的護持才能發展與成熟。

向內在小孩提供撫育時，準備一個你能實際觸碰的象徵道具會很有用，比如說，用人偶娃娃或絨毛動物玩具象徵年幼的自我——柔軟的道具最適合擁抱和撫摸，還能吸走你的眼淚。有些人會抱著娃娃睡覺，或是把娃娃放在前背式背帶裡；多數人都至少會抱著道具，或是跟道具對話。

很多人遇到的第一個內在小孩都是介於三到六歲之間，這種情況

不算少見，但是你肯定會在某個時刻遇到你的嬰兒狀態；療癒嬰兒狀態的自我，通常會喚醒最痛苦的感受——雖然你的年齡狀態看似倒退了，但處理這些原始創傷代表你很堅強。

改變你的「內在濾鏡」

向內在小孩傳達好母親訊息、從他人身上接收好母親訊息與發展內在好母親，這些事的作用不僅是滿足內在小孩的需求，還能改變你的心境，你的結構、你對自己和世界的信念都會因而改變。

久而久之，你所醞釀的好母親聲音將會取代腦海中父母批判的聲音——這種批判聲音正是很多人的內在濾鏡。如果批判的父母在你腦海中揮之不去，你也會（至少在腦海中）這樣對待他人，你會變得沒有耐心、尖酸刻薄、沒有能力對他人敞開心胸；想當然耳，你也會這樣對待自己，而且你應該很熟悉那會是什麼樣子。用充滿愛的濾鏡看世界，不是比用偏見濾鏡更加美好嗎？

修復很花時間，但絕對值得。改變內在心境是你這輩子規模最大的改造工程。

12 你可能需要的心理治療
母職的議題和需求

心理治療的方法多達數百種,關於治療師能否觸碰個案以及直接滿足個案需求的程度,眾說紛紜、尚無共識。

自談話治療問世之後,心理治療師開始聆聽個案描述母親帶來的痛苦,並在治療方法的普及上取得了長足的進步,儘管如此,因為母親而導致的心理創傷仍然是諮商室裡的重要問題。

大部分的治療類型都有能夠發揮效用的方法,例如借助藝術或動作的表達治療、把身體當成資訊與學習來源的體感治療、以治療計畫為基礎的眼動身心重建(EMDR,Eye Movement Desensitization and Reprocessing)、腦點療法(Brainspotting,一種結合腦神經科學和心理諮商的治療方法)等等。當然,上一章討論過的整合工作治療(亦稱為自我狀態)亦不容忽略。

其他相關治療包括針對出生創傷與出生前經驗的治療、以依附為目標的伴侶治療(各種安全型依附都能彌補缺口),還有由治療師扮演依附對象,試圖滿足個案部分童年需求的療法。

心理治療沒有排他性,比如說,你在與一位治療師合作塑造內在

母親的同時，也可以將另一位治療師當成好母親角色。別忘了，雖然我用了較多篇幅討論人生早期的依附創傷，但是我們在治療中處理的問題與未獲滿足的需求並不限於生命的最初幾年。

大致而言，短暫治療與認知行為治療對早期童年創傷的效果並不顯著。首先，這類治療影響的是大腦新皮質，也就是大腦負責思考的部位，無法觸及情感腦，在大部分的情況下，需要放下創傷與防備的是情感腦，這在安全、提供撫育的關係中最容易做到，而這樣的關係需要時間培養。

除此之外，精神科醫師路易斯（Thomas Lewis）、阿明尼（Fari Amini）與藍儂（Richard Lannon）合著的《愛在大腦深處》指出，個案的情感腦（邊緣腦）若要改變，就必須與治療師的情感腦進入邊緣共鳴，接受治療師的情感腦為其調整頻率，就像母親的大腦調整寶寶的大腦頻率一樣。重新設定情感腦無法速成，通常得花好幾年。

心理治療的方法多達數百種，關於治療師能否觸碰個案、直接滿足個案需求的程度，眾說紛紜、尚無共識。我的討論會盡量符合主流觀念，但也會舉一些使用非主流治療的案例。

先認識以下的幾個名詞對你會有幫助：說到深度探索行為的童年根源時，經常會使用心理動力這個詞，而借助個案與治療師的關係達到修復效果，有時會使用關係療法與依附關係心理治療；這幾種治療與依附治療大不相同，依附治療是一種頗具爭議的治療，主要用於沒有與新的照顧者形成依附關係的領養兒童。

接下來要討論的，是針對早期依附的長期深度治療。

和好母親功能的相似之處

治療之所以和母子關係相似，是因為它的存在是以滿足個案的需

求為目的，而非處理治療師的需求，這很像母親是為了滿足孩子的需求而存在，而不是相反過來。

　　跟好母親一樣，治療師會以同頻的方式照顧你，給你盡情表達一切的空間，對你的內在經驗充滿興趣，幫助你度過困難。有些臨床研究者甚至認為，如同母親協助調節寶寶的神經系統（雖然是從外在）並且扮演孩子生長的平臺，治療師也發揮類似的功能，藉由在治療過程中進入共同狀態，而讓個案有機會感受到新的意識狀態與新的互動方式（也就是邊緣共鳴）。

　　精神科兼兒科醫生溫尼科特表示，治療師提供給個案的護持環境，就如同母親提供給嬰兒的一樣。他認為，治療師要有母親照料寶寶的那種耐心、寬容與可靠，也必須把個案的願望當成需求，甚至得將其他事情先放在一邊，隨時支持個案。這就像好母親一開始必須對寶寶有求必應，但是隨著寶寶成長，她會給寶寶機會自然地體驗挫折（經過她謹慎的安排）──同樣地，治療師也能在個案變得更獨立之後稍微放手。

　　治療師與好母親的另一個相似之處，是與這段關係同頻的治療師讓意識維持在一種兼顧的狀態，一方面隨時注意兩人之間的互動，一方面幫助個案處理問題。與客戶的感受同頻是治療的標準做法，然而，卻非所有的治療都會留意這支雙人舞跳得如何──尤其是當這支雙人舞處理的是跟依附有關的問題時。大多數以解決問題為重點的行為治療、認知治療與短期治療，通常都不會注意到比較隱蔽的層面。

　　要注意的是，如果個案的母親符合這本書裡描述的任何一種類型，但治療師沒有處理與依附相關的問題，那麼，這樣的治療師就會像是對孩子的情感需求一無所知的母親。情感缺席的母親意識裡的空間僅能處理眼前的任務，高度緊繃的母親更是連這一點都可能做不到，她或許能（在某種程度上）回應外在需求，卻完全無法回應內在

感受和內在需求。在情感上專注於當下的治療師必須與個案的感受和需求保持同頻。

與個案同頻的治療師不同於「無感」的母親，他知道自己對個案來說是重要的「恆定」來源，這是欠缺母愛的人所沒有的東西，他們沒有可以依賴的穩定支持，而這正是安全感的基礎。治療師只要有意願，就能成為恆定的來源，填補個案在童年環境與精神上的缺口。

欠缺母愛的成年孩子，非常需要感受到治療師之所以提供照顧不是出於職責（像媽媽一樣），也需要感受到這份關愛是符合個人需求的。許多欠缺母愛的成年人因為察覺不到母親真的了解他們，而感受不到母親喜歡他們；他們或許覺得母親出於職責而或多或少（或僅是表面上）愛著自己，但若沒有感受到自己的本質被對方看見，就不會覺得自己真正地被愛（或被喜歡）。

這樣的個案想要感受治療師的真心喜愛，必須先知道自己的潛能與痛苦都被看見了。

所有這些都需要治療師發揮高超技巧。治療師必須在表達真誠關懷的同時保持適當的距離，才能讓這段關係清楚明確、維持專業，不讓治療師自己的需求也捲進去。

以依附為導向的治療及其注意事項

在以依附為導向的治療中，治療師是新的依附對象，提供機會建立新的依附關係，並處理過往關係中未獲解決的問題。這是非常深層的治療，治療師必須使用好幾種特殊技巧。

首先，我們必須了解有依附創傷的個案通常不太知道是什麼正在影響自己。襁褓期的經驗大多發生在語言能力出現之前，沒有經過外顯記憶（相對於「內隱記憶」，指能明確想起某個事實和事件的記憶，又稱「陳

可依賴的穩定支持是安全感的基礎。

述性記憶」）的編碼和儲存，因此我們無法談論它，甚至不知道它的存在；個案可能會在治療中與生活中展現出這些無意識的行為模式。

技巧高超的治療師會留意重複出現的模式與反應，觀察肢體語言，並且仔細關注他所感受到的所有細節——發生在個案身上的一切、他與個案之間的互動，這些都是治療師的資訊來源。

心理治療師大衛・威廉（David Wallin）在著作《心理治療中的依戀》中寫道：「無法用語言表達的事，我們通常會藉由行為互動、情緒激發與／或直接具象化的方式表達。」他指出非語言互動對依附關係的性質影響至深，而這些互動是依附關係的基礎，眼神交會、臉部表情、肢體距離的遠近構成一支精妙的雙人舞，嬰兒與母親、戀人之間、治療師與個案均是如此。

治療過程中，個案偶爾會出現年齡回溯的情況（個案回到年齡很小的狀態），治療師與個案的感受可能會因此融合在一起，模糊了正常的界線。此時，治療師必須絕對小心，不能讓個案對你的依賴超出治療的範圍，也不能利用肢體觸碰或這段關係的任何一面來滿足自己需求，例如感情、權力、人際接觸等等。可想而知，一個渴望被個案需要的治療師與個案演變成相互依存的關係，這樣的治療師只會製造困境與傷害，無法提供療癒。

在強度最高的治療中，個案會將治療師理想化，透過美化的濾鏡看待治療師，眼中帶著愛，以及對愛的需求。我們非常需要這份愛來替代童年缺失的愛，於是我們用治療師來替代，想像他們擁有許多其實他們沒有的特質，此時，我們眼中的治療師是我們需要的樣貌，而不是他們的真實樣貌。

短暫的理想化有好處，能幫助我們依附治療師——就像將父母理想化能幫助孩子依附父母，也有些人認為孩子理想化父母是出於生存需求，但我不敢如此斷言。有位女性告訴我，她對母親最早的記憶是

母親能力非常有限，當時她才三歲，但是她覺得自己比母親聰明，三歲幼兒的生活常識當然不可能超越母親，但這段經驗似乎可怕地預測了未來，她長大後成了醫生，而母親依然是非常不成熟的女性。

無論是哪種形式的治療，個案都會展現脆弱的一面，但處理童年的拋棄創傷、允許自己在治療中展現出對關注和依賴的渴望，都會使這種脆弱感更加強烈，個案必須極度信任治療師才有辦法容許和表達這些感受，而治療師必須懂得以尊重與專業技巧來處理這一切。

如你所見，處理童年依附問題是個如履薄冰的過程，顯然不是每一位治療師或每一種治療都適合。我認為在以依附為導向的治療中，個案與治療師的關係也是一種療癒手段，其他類型的治療雖然不將關係本身做為療癒工具，但他們的關係仍然必須堅固到可以容納其他元素，這樣各種介入方式才能被認定是更具體的療癒工具。

如何看治療中的肢體接觸？

多數治療師接受的訓練是克制或避免觸碰個案。心理動力治療雖會探索肢體接觸的需求，但目的是「演繹」關係中的需求，而非幫助個案「處理」需求。更「注重身體經驗」的心理治療師，或是接受非傳統訓練的治療師，通常對肢體接觸會有不同的看法，個案過度激動時，有些人會觸碰個案來幫助他們平復情緒；有些人藉由觸碰幫助個案與自身經驗同頻；有些人則認為若個案因過往經歷而認定自己是不可觸碰的，治療師偶爾提供肢體接觸就很重要。有位創傷專家說，不觸碰個案有時反而有違道德——這等於拒絕提供療癒的基本元素。

處理早期依附創傷時，與肢體接觸有關的問題會比平常更明顯，通常個案會有更嚴重的肢體接觸剝奪感，也更渴望肢體接觸，他們對肢體接觸有較高的需求，肢體接觸對他們的影響也更加強烈。

有位治療師允許個案表達自己對接觸與支持的需求，她讓個案握著她的手，或是把腳伸到她的腳邊。這樣的肢體接觸能在不造成誤會的情況下，滿足個案最基本的觸碰需求，也讓治療師得以輕鬆評估個案心中對於被拒絕的恐懼，以及對於人際情感的壓抑。

　　童年時曾被帶有性慾的方式不當觸碰、覺得觸碰過度刺激或有觸覺防禦的人，都有特別脆弱的地方，肢體接觸對他們來說可能太過強烈，或是太具威脅性；這非常複雜。訓練內容涵蓋肢體接觸的治療師都知道，一定要先取得個案的同意，並且在說明接下來的治療步驟之後，才能夠觸碰個案（「我們做這件事的時候，我可以摸你的肩膀嗎？我會摸這裡，像這樣。有什麼感覺？」）。

　　個案能夠跨出重要的一步時，治療師或許也會接受來自個案的主動觸碰，比如剛剛提過的那名個案，在處理童年問題時她會主動去牽治療師的手，因為童年的她認為向他人求助或表達需求是一件非常危險的事。如果治療師認為個案的觸碰有勾引、操縱的感覺，或是並未尊重界線，他也必須正視這個問題。

治療師成為代理母親——重獲母愛治療

　　有時候，會有治療師願意直接扮演「代理母親」的角色，也更願意肢體接觸，有些這樣的治療師為成年女性提供「重獲母愛治療」，她鼓勵個案放鬆，進入自己對依賴與依附的需求，並讓個案的這些需求獲得滿足，「欠缺母愛的女性渴求愛，這不是一件丟臉的事。我認真對待她們對愛的渴求。」治療師金順子（Soonja Kim）如此寫道。她像好母親一樣陪在身旁，願意（最徹底地）付出愛，包括擁抱想被擁抱的個案，用我所說的「好母親訊息」給個案信心。

　　金順子邀請個案盡量放鬆，接受這份充滿愛的關注：

被動的愛，是種享有他人關懷的愛，而且你什麼都不用做就能得到。付出愛的一方必須發揮更多直覺與同理心，接收愛的一方必須願意接受。對欠缺母愛的女性來說，接受被動的愛能讓她們獲得深層的療癒，她們為了得到愛做了那麼多的努力，她們對自己的情感需求感到羞恥，假使有人在她們未開口索求就給予她們愛，這會是一種極大的撫慰。

金順子繼續寫道：

當你感受到有個發揮母親功能的人為你提供依靠，體貼地滿足你的依附需求，同時你也允許自己接收被動的愛，你的身、心、大腦與靈魂會逐漸放鬆。在那樣的放鬆狀態裡，你可能會先感受到從小到大需要照顧與愛卻求而不得的悲傷，不過，隨著你允許悲傷流淌、釋放，就能走過悲傷階段，進入更深層的放鬆，並在那裡找到自己的真實本質。你或許也會體驗到你與其他存在相互連繫的真相，這會把你從深刻的孤獨感之中釋放出來。

許多人都同意，放鬆進入更深層的連結以及自己的真實本質，是他們非常需要的療癒。有些人認為，這是與生俱來的權利，只是因為母親無法支持寶寶的存在而失去了這個權利。

這方面的治療，有時會比一次五十分鐘的傳統療程需時更久，或許會長達好幾個小時，而且偶爾會用到特殊的治療方式。

有位年近五十的女性描述了她所接受的治療，她先是花了一年多的時間與治療師透過電話處理與母親情感缺席有關的問題，然後，她前往治療師居住的城市，住在離治療地點不遠的汽車旅館，方便進行

幾次為時較長的療程，甚至在療程以外的時間，她還跟治療師一家人見了面（別忘了，我們所討論的是，為一個從未感受過「母親渴望自己」的人提供充滿關愛的接觸與接納）。

這位女性描述了突破瓶頸、直搗身為嬰兒的她最深層的痛苦，以及治療師的擁抱對她來說有什麼意義。

> 我從內心與存在的深處發出啜泣，在那一刻，我最最需要的是愛的擁抱護持我、容納我，這正是治療師為我做的事。擁抱了一會兒之後，抱著我的彷彿不是治療師，雖然我知道她就在我身邊。
> 〔後來〕一種神奇的感受油然而生，抱著我的似乎是「愛」本身，它超越了我的治療師與她的家人，那是更加深刻的東西。我們觸及位於核心的事實，那愛的擁抱，對我來說，象徵著我這輩子需要的愛與擁抱。我希望能夠被人渴望，希望我的存在被人認可，希望我不用爭取存在與活著的權利；我希望我是美麗的、可愛的（被擁抱，而不是被當成洪水猛獸）……還有比這更重要的事嗎？

重獲早期母愛是一劑猛藥，但不是每個人都能運用得很好。我聽說過多位治療師擁抱個案、與個案四目交接、提供療癒的訊息，有時候甚至提供奶瓶……但根據個案的回饋，我們得知療效有好有壞。我也聽說過有治療師在鼓勵個案回溯到依賴的狀態後放棄個案，造成一些嚴重的傷害。有時候治療本身雖好，卻不一定對症，好母親的第一個原則是同頻，所以即便治療師充滿善意與同情心，如果無法與個案維持相同頻率，就無法得到最好的療癒效果。

我相信，真誠、同頻、可靠與充滿尊重的情感連結能發揮療癒作

用,但這並不是治療師可以直接了當從口袋裡掏出的東西——就像其他的介入手段那樣,因此,我更相信那些在治療過程中自然發生的需求與回應,而不是制式化按表操課下的需求和反應。

這是我自身的經驗,我的治療師幫我重獲母愛。在我們處理其他童年創傷好幾年之後,我的內心深處浮現重獲母愛的需求,跟其他人說的一樣,我的心裡好像破了一個洞,原本該由母親填滿。我告訴治療師我希望她能代替我母親的位置時,她猶豫了一下(這與我們的專業訓練大相逕庭),但她決定聽從內心的聲音,並且全力支持我。

她沒有主動抱我(我也從未主動要求過),但是她不害怕肢體接觸,這對我來說非常療癒。我認為我們之間最深的情感連結,出現在深深凝視彼此雙眼的時候,情感連結穿過眼睛直入心臟,那是非常深刻的體驗,這份情感連結(經過我的內在加強)漸漸重組了我的自我感受與人生感受,它給我機會體驗自己從未得到的基本材料,有了這些材料,我的發展得以突飛猛進。我後來曾與人聊到這件事,我說,治療對我來說最重要的關鍵是我具體真實地感受到被愛。

從孤獨到安全型依附

如果治療一切順利,我們會成長並發展出新的選擇。原本誓言要擺脫脆弱的人或許會變得能容忍自己的脆弱,接受別人走進內心。以下是自給自足依附型 P064 的人接受治療時,可能會經歷的過程:

自我保護的孤獨

自我保護是一種不讓別人靠近的立場,這是為了防備可能遭拒而感到痛苦。自給自足型的人認為愛一定不存在,所以最好不要希望得到愛。不過,任何滿懷溫暖與感情的表達便足以鬆動這樣的立場。

盔甲出現裂縫

治療師發揮耐心與同頻，慢慢設法讓個案覺得被看見、被理解，稍微融化這層自我保護的盔甲。

矛盾與渴望

隨著個案對連結的容忍度上升，被壓抑的渴望逐漸浮上表面，與固有的戒心展開拉鋸。

「不行」與「可以」的訊息同時存在，矛盾如影隨形。

融化

由於渴望長期受到壓抑，因此，當渴望終於衝破盔甲時，力道會非常強勁，強勁到足以融化抵抗，使個案有掀開防備的脆弱感。

恐懼

脆弱與依賴可能會使個案心中警鐘大作，這是自給自足型的人不惜一切代價想躲避的情況。

不安

如果能引導個案掌控內心的恐懼，慢慢建立依附，治療師的重要性將變得愈來愈高，但個案通常會變得難以忍受這種情況，畢竟治療師會離開自己（工作或去度假），能分給他的時間有限。個案內在的成年人能夠理解這一點，但是對已被喚醒的嬰兒依附需求來說，一週一小時遠遠不夠。

個案深陷於嬰兒自我的感受，可能會覺得他對治療師的需求攸關生存。當治療師不在身邊的時候，陷入這種狀態的個案會很怕治療師永遠不再回來，或是不像以前一樣在乎他。

接納撫育

雖然感到不安，但個案還是可以漸漸接納並享受治療師所提供的撫育，並因此心生感激與滿足。

情感連結愈來愈穩固

治療師與個案的情感連結持續強化，變得愈來愈穩固、有韌性。即使這段關係出現擾亂（例如假期、誤會等等）也比較容易被容忍，個案不再需要那麼多安慰。

健康的權益意識

隨著持續收到正面回應，個案漸漸變得更有自信與自我價值感，也有勇氣提出要求。這對自信心和其他人際關係都有正面影響。

內化依附對象

依附對象的存在與良好感受建構了這段關係，也成為個案心靈與心理結構的一部分。在安全型依附中，對方會融入你的心（見「『隨身攜帶』好母親」P176）。

我舉的這個例子是針對為了保護自己而遠離他人、自給自足型的個案，這種孤獨可能不一定很明顯。依附創傷可能藏得很深、很久，而經歷過這些階段的個案或許也擁有舒服、親密的友誼，這些友誼不會揭開傷疤，卻也沒有療癒深層依附創傷的力量；自給自足型的成年人甚至可以維持長達數十年的穩定婚姻，只是夫妻雙方得保持適當距離，以免打翻那艘依附的小船。

我舉的例子是關係緊密的治療師與個案，但只要持續陪伴並支持這樣的改變，任何潛在的依附對象都能觸發類似的過程。

從充滿挫折到心滿意足

　　癡迷型依附（焦慮型）P066 的人會經歷截然不同的療癒過程，他們的依附系統不需要喚醒，因為「馬力」早已開到最強，他們對情感連結有一種癡迷與執念。知名治療師黛安・普爾・海勒（Diane Poole Heller）認為，他們要練習的是接納別人給予的情感連結，如此才能進入滿足的狀態。

　　雖然癡迷型的人總是在尋求情感連結，但他們對別人給予的情感連結卻往往不屑一顧，或是沒有放在心上，所以他們對依附的渴望並未獲得滿足，一直停留在高度焦慮的狀態裡，這就像一個脾氣不好的寶寶，你再怎麼安慰他也沒用——心情不好阻礙他接受安慰。跟我之前所說的一樣，關鍵在於同頻、穩定、耐心，設法讓個案「感受到被感受」並接受關愛（無論是治療關係，還是其他重要的人際關係）。這些感受會讓癡迷型的人漸漸演變成安全型依附。

把治療師當成「教養媽媽」

　　對個案來說，進入如此緊密的關係最艱難的一件事是：治療師提供了他夢寐以求的好媽媽經驗，他想要永遠沐浴在這樣的感受裡，但治療師只是暫時的替身。在你發展出自己的內在好母親之後，治療師就會離開，治療師發揮溫柔、智慧與耐心，只是為了示範怎麼做、做到怎樣的程度算好，所以我稱之為「教養媽媽」，意思是治療師只發揮示範作用，教導你的成年自我學會做這件事。

　　陪你過耶誕節、週末連假或深夜時光的人是你的內在母親，不是治療師，你隨時都可以召喚內在的治療師——這取決於你將治療師內化的程度有多深。

> 治療師只是暫時的替身，如同「教養媽媽」般發揮示範作用，教導你的成年自我學會扮演自己的好媽媽。

就算治療的內容不是與內在母親直接相關，治療師也能快速觸發你內在沒有發揮作用的能力，例如提供支持的能力，或是適當保護自己的能力；我們不希望這些功能只有在治療室裡才出現。有技巧的治療師會幫助個案把這些能力具體化，隨時隨地都能使用。

給治療師的建議

就我的經驗來說，情感忽視與情感虐待處理起來相當緩慢，而且通常慢到令人心碎，你必須有足以應付治療過程中的需求和痛苦的情感資源。如果治療師沒有足夠的情感頻寬，反而複製了否定和情感封閉的母親，個案將會嚴重受傷。

你的工作需要溫柔與耐心。需要溫柔，是因為我們處理的是個案內在極為柔軟年幼的部分；需要耐心，是因為重建基礎是一場長期抗戰——說不定治療了好幾年之後，最嚴重的虐待或忽視經驗才會浮現出來。培養個案的信任感需要時間，個案準備好處理最難以承受的創傷也需要時間，與此同時，你永遠不知道看似無害的表面底下哪裡還暗藏著地雷。

除了確定自己具備必要的耐心、內在力量、對個案的了解與治療技巧，你也必須了解自己的依附動力。大部分的治療師都經歷過非安全型依附，而你自己處理到什麼程度至關重要。你必須陪伴個案，讓個案對你形成穩固的依附，藉由以下的做法促成依附：

<u>提供欣然接受的姿態、溫暖、同理心與同頻，並且有能力處理個案對你的需求與不滿。</u>

你應該要知道你自己對依附的敏感性在什麼情況下會被觸發，比如說個案緊纏著你不放，或是反過來拒你於千里之外，因為你擅長的專業領域對某些類型個案的影響或許會比其他類型來得大。以我自己

為例，我發現跟需要學習信任的個案比起來，需要治療師不斷用言語安慰的癡迷型依附個案通常對我較不滿意；大致而言，我是提供較多空間的治療師，有些個案則需要主動搏感情的治療師，但這不是我的風格。

接受依附相關主題的專業訓練或許會對你有幫助。海勒提供了幾種程度的治療師訓練與認證課程，使用的是她的DARe法（Dynamic Attachment Re-patterning experience，動態依附重建模式經驗），課程內容包括：認識各種依附策略，以及相應的治療介入。此外，你也可以參考大衛・威廉的著作《心理治療中的依戀》，書中提供處理各種依戀類型的資訊，也可以直接參加他的實體訓練課程。

有些作家和治療師會研究特定類型的父母，並據此開設課程，例如凱莉爾・麥克布萊德博士（Karyl McBride）的治療師短期課程，就是以她對自戀型母親療癒的研究為基礎。別忘了，你對情感忽視與虐待以及育兒不當的了解愈深入，你能提供的協助就愈多。

我必須說，這些付出雖然能讓你收穫滿滿，卻會非常辛苦，所以你必須量力而為。接受督導或許能幫助你擴充技能，以應付在此類工作中必然會出現、阻礙你勝任這份工作的「成長挑戰」。

幫助個案的時候，你自己的療癒和完整程度是你所能提供的首要元素。再多的理論知識都彌補不了一個反應被動、不穩定的系統，或是不知道自己匱乏在哪裡的自我。持續「療癒自己」是最好的做法，可以是非正式的自己療癒，也可以找其他治療師幫忙──甚至可以借助靈修。

如同大衛・威廉所說：「治療師自己就是心理治療的工具。」

13 填補缺愛的洞口
其他療癒方式與實用策略

對欠缺母愛的孩子來說，母親留下的洞彷彿有宇宙那麼大。成年後再次來到洞口，我們會覺得這個洞無論如何也填不滿。

關鍵在於認清這只是一種感受（而非現實），並且知道這個洞可以填滿。

我已提供許多處理母愛創傷的選擇，但如果我沒有再補充一個積極有效、以上述需求為基礎的方法，那我就太粗心了。請想一想：

■ 不是每個人都那麼幸運，能找到人願意替代他們童年時所欠缺的好母親。

■ 不是每個人的伴侶都想要一段覺察的關係，並且願意在這段關係裡處理童年創傷與未獲滿足的需求。

■ 不是每個人都對好母親有興趣，或是想跟好母親原型建立連結。

■ 不是每個人都擁有資源、決心或意願進行心理治療。

■ 不是每個人都能坦然處理內在小孩。

- 但是每個人都可以（包括前述的每一種情況）運用本章提供的觀點，積極找出並滿足童年遺留下來的需求。

找到特定的「洞」

對欠缺母愛的孩子來說，母親留下的洞彷彿有宇宙那麼大，成年後再次來到洞口，我們會覺得這個洞無論如何也填不滿。

關鍵在於認清這只是一種感受（而非現實），並且知道這個洞可以填滿，我們只需記住，這個洞不過是我們心中未被填滿的空隙──源自於需求未獲得支持，記住這一點將很有幫助。這個洞不是無底深淵，而是由許多特定的洞構築而成，每個洞代表一個未獲好母親功能滿足的地方，而且洞與洞之間是乾爽的土地！儘管有所欠缺，但是你的心理發展中肯定有些地方得到了支持，所以你的某些部分既穩固又真實。感受自己已擁有什麼，重要性不亞於感受內在的缺失或發展不足之處。

以下是我們童年的十種需求，你會發現這十種需求與第二章的好母親功能高度重疊。

- 有歸屬感，覺得自己是生命巨網的一部分。
- 穩固依附他人，知道展現脆弱與需求是一件安全的事。
- 真實的自己被看見，感受得到理解（鏡像同理 P049 ）。
- 擁有專為你的需求量身打造的協助與指引。
- 接受鼓勵與支持，感受到有人當你的後盾。
- 有人當你的模範，教導你成功的必備技能。
- 需求能及時獲得滿足，煩惱時有人關心撫慰，幫你的系統恢復平衡（自我調節）。

感受自己擁有什麼，重要性不亞於感受內在的缺失或發展不足之處。

- 擁有適當的保護，使你感到既安全又不會有窒息感。
- 被尊重的方式對待（尊重你的界線、需求、感受等等）。
- 感受到被愛與關懷。

　　受到重視也是普遍的需求，但是我沒有把它放進十種需求裡，原因是我認為價值感是這十種需求的綜合結果，滿足這些需求後，價值感會自然出現。

　　當我們覺得自己屬於某個具有正面價值的群體時，價值感會自然出現；有了安全型依附，價值感會自然出現；有了幫助我們了解自己並全然接受自己的正面鏡像同理，價值感會自然出現。當別人花時間引導、支持、鼓勵我們時，我們接收到的訊息是：對方很重視我。當別人提供適當的保護、想要呵護我們時，我們接收到的訊息是：對方覺得我很珍貴。同樣地，別人尊重我們也能幫助我們建立價值感；當然，被愛也會給我們一種自己很可愛、很有價值的感覺。

練習　找出你的需求

回顧前面列出的十種需求。仔細想一想你小時候每一種需求的滿足程度，現在的情況又是如何。

如果量化的評分方式有用，也可以試試：

1分－極度不滿足
2分－稍微不滿足
3分－稍微滿足
4分－極度滿足

你選擇用什麼方式練習都行，目標是列出依然未獲滿足的需求。

主動出擊

與其回顧情感缺席的母親、糾結於自身空洞沒有被填滿的感受，更有成效的做法是遠離那些感受，評估自己有哪些洞需要填補，然後一個一個慢慢填補。

《再長大一次》的作者珍‧伊絲莉‧克拉克（Jean Illsley Clarke）與康尼‧道森（Connie Dawson）在書中提出一次療癒一個洞的主張。「這件事沒有任何的捷徑，」她們寫道，「我們不可能神奇地突然擁有做這件事需要的技巧，然後恢復自信與自尊心。我們必須一步一腳印，從內在慢慢補洞。」

補洞的第一步是確認需求。舉例來說，如果你知道自己一直缺乏鼓勵，也意識到你經常逃避陌生的情況或自己無力勝任的事，或許可以問問自己：「我需要怎樣的支持？我需要有人指導我嗎？我需要啦啦隊嗎？我如何建立更多的自我支持？」

如果你總是感覺自己像無根的浮萍、不屬於任何地方，可以試著尋找一些發展人際關係的機會，逐漸建立歸屬感。你可以好好思索，該怎麼在工作領域或義工活動的人際網裡找到屬於自己的位置。

很多時候，補洞要內外雙管齊下，比如說，要是你覺得更多的愛對你有好處，可以一方面培養充滿愛的人際關係，一方面尋找更愛自己的方法。

我想說的是，我們可以主動出擊。我認為，要填補欠缺造成的空洞有三種方法：

- 找出自己需要什麼，然後直接提出要求。
- 找到能輕鬆滿足你的需求的人與情況（例如能得到充分安全觸碰的情況）。

一次療癒一個洞。我們必須一步一腳印，從內在慢慢補洞。

- 自己填補空洞。

我發現明確提出自己的需求、準確說出自己想要什麼（用非命令口吻）相當有用。有時候我甚至會把「臺詞」先告訴對方（通常是以開玩笑的方式），然後請他們在真心誠意的前提下說出來，通常對方會回我「完全沒問題」，然後重述我剛才請他們說的話。

碰到有人開始做對我沒有幫助的事情時，我會溫和地嘗試轉移他們的方向，例如我會告訴對方，我現在不想聽他們對我下一本書的點子有何指教，也不想聽我可能會遇到哪些挑戰，現在我需要的是他們的支持。我可能會說：「我希望你能說這是一個令人期待的好點子，你會挺我。」

能夠告訴別人我們何時想要擁抱、何時需要對方鏡像同理我們的感受、何時需要口頭上的支持等等，我們就不會感到那麼虛弱無力。這其實還有另一個好處：在別人眼中，我們不會像是「填不滿」的無底洞，否則他們可能會被我們永無止境的需求嚇跑，明確的需求比較不那麼嚇人，也不那麼讓人不知所措。

當你覺得欠缺支持時……

情感疏離的父母會在孩子心中留下欠缺支持的洞，這種情況十分常見。

我們付出努力時沒有人支持，當努力宣告失敗時也沒有人支持，沒有人興奮雀躍地說「是的，你一定可以」或「我支持你」——在理想的情況下，支持你的人最好是母親，加上父親與其他人更好；少了表達對我們有信心的人，我們會更難培養自信。

欠缺支持通常意味著自信無法正常或完全發展，我們可能會覺得

自己缺了一塊──確實如此！孩子持續受到支持所發展出來的東西，就是我們欠缺的那一塊。我們欠缺內在支持，也意識不到自身所擁有的能力，這使我們感到畏懼、不足、不安，而當我們感受到欠缺支持的洞時，我們會告訴自己：「這個洞實在太大了。我想我應該做不到。」「這使我感到很孤單。」

通常來說，在我們處理結果未定的新任務時，或是在我們對抗挑戰時，與支持有關的問題就會出現；我們承受某種「失敗」時，通常也會需要支持。

然而，與其責怪自己缺乏自信、懷疑自己為什麼不能像別人一樣勇往直前，或許檢視一下你從小到大得到多少支持會更有幫助。以下問題不限定於母親，你可以用任何發揮父母功能的人來回答。

- 你參加表演或活動時，父母出席的頻率有多高？事後他們會說什麼呢？他們的肢體語言傳達什麼訊息？他們的出席會讓你有被支持的感覺嗎？
- 父母對你的成就有何回應？他們會認可和讚頌你的成就嗎？
- 除了成就之外，你覺得父母有沒有因為你是你而提供支持？有沒有在你面對成長勢必會面臨的挑戰時支持你？
- 你的父母如何回應恐懼、不安或不足的感受？當你有點失落，需要知道有人在乎你的時候，他們如何回應？
- 在你需要幫助的時候，有沒有一個發揮父母功能的人能夠支援你？

在我們所探索的所有領域中，幾乎都看得見家庭傳承的影響，這裡也不例外。如果我們不願意或沒辦法在某些方面支持自己和自己的孩子，通常我們自己在這些方面亦從未獲得父母的支持，而我們的父母也是一樣。

只要有意識地下定決心，我們是可以打破這個連鎖效應的。

取得支持的十個有效做法

如果想扭轉支持不足的模式，就必須先檢視自己需要什麼，然後矢志打造更多支持；你也需要觀察當他人提供支持時，你自己有多高的接受程度；如果我們小時候沒有得到足夠的支持，通常我們接受支持的能力會被日漸增厚的防備所阻撓。

從自助書籍和治療中，能找到很多方法來提高你的被支持感。以下是我認為有效的做法：

直接請他人支持你

這不是可有可無的技巧，而是必備技巧。遇到有機會支持和鼓勵你的人，你必須有能力請求對方以你需要的形式提供支持和鼓勵。

練習就算對方不在身邊也能獲得支持

當別人沒空時，你可以把這個過程挪到內在，例如跟自己對話或藉由寫日記進行內在對話。如果是寫日記，只要想像對方會說什麼就行了，你可以跟任何人進行對話，包括好媽媽角色、想像中的嚮導，或是你的高我。

找到支持體系

收集或建立支持體系時，請發揮創意。支持體系包括互助團體、課程、工作團隊、練習夥伴、砥礪夥伴，或是任何在特定情況下對你有幫助的形式。思考一下如何設立一系列的目標與獎勵，以及哪些固定做法與學習情境能幫助你。

跳脫感受，採用客觀視角

記住你的真實能力，畢竟覺得自己沒有足夠的支持終究只是一種感覺，雖然它只是一種感覺，但如果你把焦點放在這種感覺上（而不是放在你所擁有、迎接挑戰的能力上），它就可能會束縛你。

支持內在小孩

陷入恐懼與不安的經常是內在小孩狀態，你可以扮演自己的好母親，與它進行對話，聆聽它的恐懼，提供同理心、護持與肯定。

對自己說正面的話

留意自己是否又再重複那些令人洩氣的訊息，如果有的話，就用正面的話取而代之。你可以問問自己：「這種情況下，好母親會說什麼？」你可以試試以下的句子：

- 我對你有信心。
- 我知道你辦得到。
- 無論如何我都支持你。

借用想像的力量

想像你已經獲得你需要的支持，請盡量生動地感受這份支持。想像自己輕鬆自在地處理看似困難的挑戰。

即使害怕也要做

面對困難的任務時，放手一搏或許有用。勇敢投入本身，以及你所取得的任何進展，都會成為支持的力量，但是如果你因為恐懼而退縮、放棄，那麼恐懼就贏了，下回你還是會「重蹈覆轍」。

> 記住你的真實能力，畢竟覺得自己沒有足夠支持只是一種感覺，而這種感覺可能會束縛你。

取得身體的支持

不是每個人都能把自己的身體當成一種資源，但如果你做得到的話，身體會很好用。舉例來說，感受骨骼能給你一種堅定的感覺，此外，你也可以利用一些比較細微的做法，例如抿唇；感受一下身上的肌肉也會讓你覺得很棒。運動或許有助於打破不足感的魔咒。

向靈性求助

無數人會在需要幫助時求助於靈性，可能是外在的靈性存在，也可能是接觸你通常感受不到的、內在的某個部分。我可以斬釘截鐵地說，靈性一定能提供支持的力量。

對欠缺母愛的人來說，支持是需要持續關注的議題，但是這方面的努力不會白費。隨著我們學習向外尋求支持，以及慢慢發展出更多內在支持，我們會發現自己前進的步伐愈來愈輕鬆，屆時，類似的限制不再，人生便不再那麼苦苦掙扎。

重新培養自信

什麼是自信，自信從何而來？自信並非全有或全無，我們在不同的人生場域會感受到不同程度的自信。身為成年人，我們或許對自己的人際關係技巧較有自信，對電腦技能較沒自信；或是對決策能力較有自信，對積極追求自己想達成的目標較沒自信。

在我的觀察當中，有些人的自信與實踐息息相關（自信源自技能與表現），有些人的自信與他們從別人身上感受到的安全感有關。我猜測，與實踐有關的自信，可能與父母過度強調能力有關，如果孩子不會因為不夠純熟的技能而遭受羞辱，而能僅憑自身的存在就獲得充分的愛，那麼能力就會變得沒那麼重要；一個有安全感的人在表達完

「這個我不會」之後，就能當個好奇的旁觀者。孩子的能力無論高低與否都必須得到鏡像同理，唯有如此，孩子才有可能把能力納入身分認同裡，否則孩子會經常感到自己的能力不足。

身為成年人，把自信建立在別人對我們的感覺上並不正確（建立在我們的表現上也不正確），但是安全型依附確實可做為孩子的自信基礎。安全型依附讓人感到踏實，你知道有人珍視你、以你為重，也知道你有權利存在於此、佔據空間。自信的定義之一是有勇氣站出來表達自己，如果能獲得他人的支持，我們會比較容易做到這些。

請回顧一下我們的需求列表 P217，可以說幾乎每一項都是自信來源。

感受到有人想要我們、被自己喜歡的團體所接納時，就會產生自信；當我們因為身為自己而被理解、被接受，當我們被人尊重對待的時候，也會產生自信；別人給我們的鼓勵和稱讚能讓我們建立自信；知道我們會得到自己需要的協助與支持時，也能感到自信；如果我們有能力調節生理狀態、心情起伏，讓自己恢復平衡，也會為自己帶來穩定感與自信。

你可以問問內在小孩他（她）需要什麼才能培養更多自信。有位個案的內在小孩說，她需要安全感、被人喜歡、有人為她的能力感到興奮、有人看見她的力量。

你需要什麼才能培養更多自信呢？

找到你的力量

無法發揮完整的力量，我們就很難在人生當中取得成功。沒有力量，你在人生的許多階段嘗試與人競爭時——無論是運動場、市場或談戀愛，便會阻礙重重。

> 身為成年人，把自信建立在別人對我們的感覺上並不正確（建立在我們的表現上也不正確）。

治療師有時候會將這種有力量的感覺稱為自我效能或「主體」意識（sense of「agency」，意指對環境採取行動的主體）。當我們提到力量時，經常指的是改變外在環境的力量，然而，知道自己能夠改變內在經驗——例如心理模式或心情——其實也會讓人充滿力量。當你知道自己有能力做出改變時，你就不再是受害者。

提升力量感的方法多如繁星，包括：

- 培養能幫助你主張需求與捍衛界線的溝通技巧。
- 找到說「不」的力量（例如參加自信訓練或自我防衛課程）。
- 選擇你能發揮影響力的情況，避開你無法發揮影響力的情況——有些情況就是會讓人感到無力。
- 特別注意你能發揮影響力的情況。如果你持續忽視自己的影響力，就無法發展力量意識，你必須接納自己的成功經驗，才能把它們收進自我概念裡。
- 練習改變自我對話。自我對話是你在腦海中進行的對話，尤其是與你自己有關的對話。你可以利用課程或參考書籍、部落格與文章，幫助自己從負面的自我評斷和批評模式，轉換成比較正面、同情、與客觀的模式。
- 感受體內的力量；這裡指的不是健身，但可以包括健身，有時候，光是感覺肌肉或骨骼的支持，就能讓你感受到穩固與力量。「具體化」——意思是提升你對身體的意識也能讓人充滿力量，以身體為重點的治療對此將有幫助，但其實任何能提升你對身體覺察的活動都可以，例如瑜伽。
- 處理「讓你的力量無法施展」的問題——利用心理治療等方法。
- 練習為特定的需求分配資源。被賦予力量／權力不代表你必須什麼都自己來，請想想世界各地的CEO！

當你知道自己有能力做出改變時，你就不再是受害者。

保護你珍惜的東西

　　我們已知道好母親的功能之一是提供安全的地方、一個受到保護的環境，讓孩子安心成長茁壯。不僅如此，成年後的我們依然需要這樣一個以安全舒適的方式護持我們、使我們感受到滋養的環境。如同好母親會為寶寶提供這樣的環境那般，成年後的我們得練習學會為自己提供這樣的環境。

　　所謂的護持環境以及安全、受到保護的空間，包括了幾個重要面向，其中之一是家，我們可居住的地方：你的家是否讓你感到安全、受到滋養？你想要留在這裡嗎？如果以家為圓心往外再推一層，會怎麼樣？你居住的社區令你感到自在嗎？

　　你又如何保持界線，包括肢體上的界線與心理界線？你能與其他人保持適當距離嗎？你是否允許別人侵犯你的隱私或心靈空間，例如探問你的八卦和提出不請自來的建議？如果有人不顧你的意願入侵你的個人空間──包括肢體與心理空間，你能把他們推到一個比較舒服的距離之外嗎？

　　跟情感疏離的家庭相比，在父母事事干預、家人界線模糊的家庭長大的孩子，要保持界線會比較困難；但是就算生活在情感疏離的家庭，還是可能發生侵犯界線的情況。你如果想釋放更多隱藏與脆弱的內在角色，就必須要覺得你可以在必要時保護自己。

　　就像好母親會為年幼的孩子打點環境，以免孩子感受到嚴酷或侵犯，並讓孩子的需求得到滿足，同樣地，珍惜自己也包括留意到怎麼樣算是太超過，怎麼樣算是剛剛好。

　　舉例來說，我們應該要知道什麼樣的社交接觸算是太多、太少和最令人感到滿意，社交接觸顯然重質不重量，我們可以觀察怎樣的接觸令我們感到滿意、怎樣的接觸不行，然後依此調整生活。在這種情

況下，保護的角色與調節的角色合而為一；調節，就是調整至恰到好處，不會太多，也不會太少。

你可以用這幾個問題評估你在扮演好母親的「保護者」 P056 與「調節器」 P046 角色時，表現得是好是壞：

- 在你的生命中，有沒有什麼你珍惜的內在特質沒有得到你的保護？
- 若你過去曾創造適合自己的「護持環境」，現在讓你再做一次，你會改變哪些做法？盡量考慮各個層面，例如實體環境、社交環境、情感環境等等。

讓自己被看見

沒有鏡像同理，我們會與內在角色失去聯繫，現在，是時候開啟一趟找回內在角色的旅程了——我們要在旅程中被看見！

當然了，看見自己只是旅程中的一部分——任何形式的自我探索都有幫助，讓別人看見並認可這些丟失的角色，則有助於讓這些角色穩定下來。

不被看見的感覺，或許是起源於父母太忙、太不專心，抑或沒有能力真正看見你，但是，這種感覺會因為我們自己的習慣和逃避心態而逐漸根深蒂固。情感缺席的父母或缺乏關愛的童年猶如情感荒漠，為了在這樣的環境生存下來，我們才變成現在這個樣子，比起在人際關係裡試著張開雙臂，我們寧願躲進自己的殼裡。因此，從殼裡走出來、重新進入這世界，也是療癒的一環。

想要增加自己被看見的機會，你或許可以考慮參與能表達自我的活動，或甚至參與表演，例如舞臺劇、團體歌唱或跳舞。我母親是非常傳統的女性，很少展現自己，我也有類似的傾向，而我發現參與能

不被看見的感覺或許起源於父母，卻會因為我們的習慣與逃避心態——我們會縮進殼裡——而變得根深蒂固。

把我從這種傾向裡釋放出來的活動——通常是那些讓人自由發揮、不設限的活動，會讓我感到非常自由自在。

有些團體會提供機會讓參加者站上舞臺（享有眾人的關注）一會兒，讓他們被人關注到，而位於臺上的那個人想表達什麼都可以。這個活動最具療癒力之處，是在那一刻你完全透明，毫無保留地展現真實感受。

能與他人共享情感上的親近，就算只有一個人也好——一個你能完整揭露內在世界的對象，也能帶來一種被看見的感覺。

尋找安身之地

與母親之間沒有強烈情感連結的人，大多也跟其他家庭成員或整個家族之間缺乏情感連結。

這會留下一個缺失了什麼的大洞！

我們仰賴著家人幫我們以有意義的方式連結世界，這是因為家人能提供我們暴風雨中的避風港、歸屬感、身分認同、支持。我們指望家人提供一個使我們被理解與護持的地方。

如果你現在有伴侶與／或孩子，這或許有助於彌補童年欠缺的情感連結，如果原生家庭是你僅有的情感連結來源，而你與原生家庭的關係又很淡薄的話，該怎麼辦呢？如果你在自己的家裡沒有那種部落或家庭的歸屬感，該怎麼辦呢？

我發現，有些人會因為欠缺家庭歸屬感而感到自己一無所有；雖然家人和伴侶都可視為安全網的重要成分，但是他們其實沒有我們認為的那樣不可或缺。我們的安全網和社群意識會隨著時間變化，我們必須明白人們會經常進出這個安全網，而且最重要的是，當我們需要協助的時候，就算是陌生人或極度不熟的朋友也能提供協助。

有個朋友跟我分享了這個感人的故事：

她最近認識了一名女士，有天對方主動聯絡她，表示需要幫忙。這位女士剛搬新家，住家附近沒有熟人，最近又動了手術，所以她寫信給八個女性友人，想知道有沒有人願意幫忙。這八個人都不是她的熟人，雖然她覺得很不好意思，可是她沒有其他人可以求助。結果八個人都願意幫忙！

有些人雖然看似忙個不停、也不如我們所期待的那樣殷勤體貼，但通常還是會願意回應特定的需求。一般來說，人類是樂於助人的，雖然需要幫助的時間如果延長為好幾個月的話，他們可能會離開，但這並不代表他們不在乎我們，而是因為他們還有其他事需要照顧。

覺得自己很脆弱、缺乏保護、毫無遮蔽也沒有父母或手足可以依賴的恐懼，通常出現於內在的小孩角色身上。如果我們有能力向外求助，就像前面那個剛搬新家的女士一樣，那麼，就算沒有家庭的安全網也不用擔心會因此身陷危險。一個人只要能夠<u>在成年自我裡穩固扎根</u>，就不會因為身旁沒有親友而感到飄泊不定。

在西方文化中，隨著規模較大的部落或社群意識的削弱，核心家庭（指配偶及其未婚子女共同生活的小家庭或只有配偶二人生活的夫妻家庭）被賦予了不成比例的重要性；在某些文化中，扮演家庭角色的是一整個村子，而我們的家庭卻只有寥寥幾個成員。我們沒有幾十個或幾百個人際關係構成的情感連結，我們只有五、六個人，或甚至只有一、兩個人，這根本不足以要維持健康的情感連結意識與歸屬感。解決方法是建立額外的情感連結與歸屬感。以下是幾種主要做法：

- 緊密的朋友圈能發揮「特選家庭」（一班沒有血緣關係的人像家人般互相支持）的功能，在我們需要時提供支持，陪我們慶祝重要的人生時刻。

如果我們有能力向外求助，那麼就算沒有家庭的安全網也不用擔心會因此身陷危險。

- 加入團體能幫我們在生命之網中找到一個位置，可以是興趣團體、療癒團體、社交團體等等。對有些人來說，他們的社群互動主要發生在網路上，雖然虛擬社群缺少幾個重要元素，但對許多人來說，它確實能提供有意義的情感連結意識。
- 有意義的工作（包括義工服務與有薪酬的工作）賦予我們存在的定位與目標。
- 與地理位置之間的連結──例如你對住家或鄰近生活圈的情感連結──將我們以實質的方式定錨在地球上，如此，我們便不再是流浪者或「迷路的人」。對自己居住的土地產生強烈的情感連結，這樣的人不在少數。

認識情緒

人類居住的世界充滿各種情緒，但對許多欠缺母愛的人來說，這個世界令人侷促不安，想在這世上發揮正常功能、當個完整的人類，認識情緒很重要。

約翰‧布雷蕭為我們闡釋了許多人與情感世界斷了聯繫的原因，「在失能家庭中長大的孩子會因為以下原因而學會壓抑情緒表達：第一，沒有獲得回應或鏡像同理，也就是不被看見；第二，沒有辨識情緒與表達情緒的健康典範；第三，因為表達情緒而被羞辱和／或懲罰。」他繼續說道，「情緒愈早受到壓抑，傷害就愈深。」

當一個人因此而切斷了情緒，想再次進入情緒世界便會需要很多的練習，我們必須破除自己的「撲克臉」所下的魔咒，讓自己變得坦率。有時候，處理某些情緒會比處理其他情緒更加困難，而在完成療癒之前，我們最難容忍的情緒通常就是我們小時候父母特別難以容忍的情緒。

| 練習 | **擴充情緒庫** |

◆ 你最難接受和表達哪些情緒？

○傷害	○驕傲	○失望
○悲傷	○迷惑	○悔恨
○喜悅	○憎惡	○羨慕
○憤怒	○渴望	○嫉妒
○恐懼	○愛	○自信
○脆弱	○驚嘆	○快樂

◆ 為你發揮父母功能的人，最難接受和表達哪些情緒？
◆ 以這張清單為起點，列出你想要增加的情緒。
◆ 寫下你覺得哪些事情能幫助你發展你剛才列出的每一種情緒。

我們可以積極處理本章討論的其他欠缺，當然也可以積極獲得或拾回我們無法輕鬆表達的情緒。舉例來說，如果你的原生家庭不允許你表達失望，而你也意識到你現在依然不敢表達失望，請選擇一個你信任的人，與他分享你心中的失望，請對方認可你的失望、鏡像同理你的失望，並且告訴你這是很正常的情緒，例如他可以說：「那肯定很難受！如果我是你，我也會很失望。」如果你曾經因為表達失望而遭到羞辱，這個練習會是威力強大的修正體驗。

情緒類型與照顧模式

別忘了，許多欠缺母愛的人都需要很努力才能跟自己的感受保持聯繫。當母親沒有發現或回應我們的感受，我們通常也不會與這些感受產生緊密連結，我們甚至可能養成了關閉情緒的習慣，只為了盡可能維繫我們感受到的、與母親之間的情感連結。

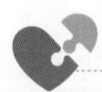

當母親沒有發現或回應我們的感受，我們通常也不會與這些感受產生緊密連結，甚至可能養成了關閉情緒的習慣。

無論我們是壓抑感受，還是為了贏得關注而誇大感受，我們的情感類型都是為了回應照顧者的類型而慢慢發展出來的，假使照顧者總是對孩子的感受漠不關心，或是因為孩子表達感受而施加懲罰，孩子當然會壓抑情緒。想當然耳，如果照顧者時而給予同頻回應，時而無法理解孩子的需求，孩子較有可能為了獲得協助而誇張表達感受，這一點也符合研究結果。請你花點時間想一想：

- 當你希望對方回應的時候，你會因為害怕被拒絕而隱藏感受，還是會「火力全開」？
- 如果兩種方式你都用，哪些感受或在哪些情況下，你會選擇隱藏？哪些時候你會變成演技派？當你誇張表達感受時，你期待得到怎樣的結果？

接受自己的需求

面對自己的需求，我們通常會採納父母當初對待它們的態度──至少一開始是如此，舉例來說，如果母親對你的需求很不耐煩或表示拒絕，你也會對自己很不寬容。我記得自己有一次在接受治療時，大量表達了自己的需求，並忽然感到非常抱歉，我對自己的行為大翻白眼，「這樣太過分了！」幸好，我注意到了這件事，也意識到這是我從我父母身上學來的。「我很高興你發現這件事，」我的治療師說，「因為我完全不覺得那很過分。」

對許多童年需求沒有獲得滿足的人來說，有需求會讓他們感到可恥又危險，例如有位女性說，她認為讓自己依賴他人簡直就像是將一把刀放在對方手裡，允許對方劃開她的喉嚨──依賴使人聯想到毫無遮掩、不受保護，以及遭受痛擊。

這個問題處理起來並不容易。我們必須學著去理解：表達需求已不再危險，而且有人想要滿足我們的需求！這樣的練習有其風險，因為只有試了才會知道結果如何，而我們可能難以承受這樣的風險。

想要改變既定的觀點，就一定要有新的體驗。童年時需求被忽視，長大後我們會經常覺得自己是因為有需求才遭到拒絕，這可能會使我們相信自己的需求太過分或會把別人逼走，我們必須嘗試，表達需求並且需求也獲得滿足，才有可能破除這種既定觀點。先在小事上向安全的對象求助會很有用，這麼做的風險較小，而且你可以慢慢增加你對展現脆弱的承受度，一次次累積成功經驗。

對許多自給自足型依附 P064 的人來說，要從「我自己來」轉變成「感謝你的協助」是一條漫漫長路，但你會慢慢學習到，你必須提出需求，別人才有回應之處。

了解自己的需求，以及有能力表達需求，是支持親密感的重要發展，薩瑞斯（Jett Psaris）與萊恩斯（Marlena Lyons）在著作《不設防的愛》中也認同這樣的觀點。不過，這並非事情的全貌，我們還希望，自己能在伴侶沒有滿足我們的需求時覺得「這沒有關係」。

薩瑞斯與萊恩斯寫道：「需求未獲滿足的年紀愈小，成年後若碰到別人沒有滿足我們相同的需求，我們就愈沒有能力維持幸福感。」假使襁褓期的依賴需求沒有獲得滿足，我們的意識會在那一刻出現裂痕——我們沒有足夠的資源與成熟度來「維持完整安好」，也就是把自己整合好。

這種令人難以忍受的、與需求有關的赤裸和敏感，來自人生非常早期的創傷，揭露這些未經潤飾的部分令人難堪，但這是療癒的一部分。童年沒有處理或滿足的每一種需求，都會被我們帶進親密關係裡，而對於把親密關係視為成長途徑的人來說，這反而是件好事。

若想確認你的療癒之旅走到哪個階段，可以思考以下問題：

先在小事上向安全的對象求助會很有用。這麼做的風險較小，還能讓你慢慢增加你對展現脆弱的承受度。

- 對於自己有需求，你有什麼感受？這是否反映出童年照顧者對你的需求的感受與回應？
- 你是否經常覺得別人在你需要他們的時候一定會回應？或是反而產生更多的「相對剝奪感」（這種感覺通常出現於一個人主觀認為自己理當擁有，現實卻未能擁有的情況）？
- 你最難表達的需求是哪些？
- 你能否接受在你表達需求之後，需求僅有部分獲得滿足？你有沒有餘裕暫時「忍著」你的需求？還是像燙手山芋一樣趕緊丟出需求？或者是完全壓抑？

培養建立親密感的能力

親密感需要情感上的開誠布公、看見與被看見的意願，以及讓對方藉由滿足你的需求了解你。如果你尚未療癒冷漠的父母所留下的遺毒，建立親密感將會充滿挑戰，不過值得一試。雖然你早已對親密關係失望多年，但是你也有可能懷抱深切的渴望，而你可以在自己畏縮不前、採取自我保護姿態時，用這份渴望做為前進的動力。

有一種積極的做法是思考促進親密感的行為。你的情緒庫裡有哪些「依附行為」？如何擴充？請想想以下這幾個問題：

- 遇到威脅或感到痛苦的時候，你能夠接受安慰嗎（這是一種「依附行為」）？
- 當別人向你求助時，你如何回應？你能否允許別人需要你？
- 你能用關愛的方式觸摸別人嗎？能否維持親密的眼神凝望？
- 你能在做愛的時候維持情感上的接觸嗎？
- 當你和另一半變得非常親密時，你會出現哪些恐懼和防備呢？

有位治療師說,假使一對伴侶或夫妻有能力加強依附連結,這對雙方的自我調節都有幫助,也能解決他們的部分個人問題。對於自給自足依附型 P064 的人來說,他們的任務是喚醒依附系統,使依附系統運作得更加正常,發揮它與生俱來的功能。請想一想,你能做些什麼來培養促進親密感的能力。

運用正面的肢體接觸

關愛的觸碰通常會使人感受到渴望已久的溫暖。可獲得安全觸碰的情境很多,而且超乎我們的想像,例如各種形式的舞蹈、互動式的活動、體育運動、按摩或身體治療,當然還有擁抱!

如果你想更自在地觸碰他人,或許能試著模仿那些可以自然而然觸碰他人的人,通常重點在於獲得對方的許可。幫忙照顧孩子或陪孩子玩也是肢體接觸的機會,但是要確定你的觸碰並非帶著目的,而是回應對方的需求;其他類型的照顧也一樣,例如照顧長者、病人或痛失親友的人。

跳脫被剝奪感

母親是我們的第一個環境,我們對母親的感受大大影響我們將來對世界的感受與期待,如果母親沒有回應我們的童年需求,我們也不會期待世界會給我們回應;如果母親對我們很冷漠,我們也會認為世界是個冷漠的地方。其實,療癒的其中一個重點,就是明白世界不等於母親,然後改變我們對世界的認知以及與世界的關係。

我發現很多童年缺少撫育的人,都有或許可被稱為剝奪意識(即「相對剝奪感」)的情況,那是一種內在的缺乏感,它成了一種濾

療癒的其中一個重點,就是明白世界不等於母親,然後改變我們對世界的認知以及與世界的關係。

鏡，我們無意識地透過它來詮釋我們的生活經驗，我們甚至可以說，有些人為自己寫了「被剝奪的劇本」，讓同樣的故事重複上演，最終成為自己的人生主軸。被剝奪的故事裡充滿這樣的念頭：「我擁有的永遠不夠多。」「我永遠得不到自己想要的。」而且在你眼中，別人的情況都跟你相反。你就好像孤兒院裡一整排嬰兒中，躺在最後一個床位的嬰兒，輪到你的時候，任何東西都已經發完了。

　　如果上述的被剝奪感使你產生共鳴，請思考以下的問題：

- 你感受到的被剝奪感是什麼模樣？有沒有畫面或比喻能形容它？
- 這種被剝奪感在你的生活中如何發揮作用？

　　你必須代謝掉過去所帶來的痛苦，正是這些痛苦形塑了你的故事，唯有如此，你才能徹底放下這個故事，創造不一樣的經驗。

　　在處理這種欠缺的過程中，你或許也想探索一下有哪些障礙正在阻撓你創造不同的經驗。試著想像豐盛是怎樣的感覺，它在哪些地方與你的自我形象產生衝突，使你無法感到豐盛？如果你感到豐盛，你的自我意識會有怎樣的變化？

　　當我們遇到完全不熟悉的經驗時，一開始可能會感到很震驚。如果你基本上從不曾獲得穩固的支持，但現在有個人全心全意支持你，你或許會感到相當困惑，不確定是不是真的。想想那些中了樂透的人，他們一夕致富，過沒幾年又回到致富前的生活，那是因為瞬間的劇烈變化尚未與內在整合。

- 你的被剝奪感是否曾因截然相反的事情而受到衝擊？
- 列出五個你擁有自己所需要的一切或甚至更多的實際例子。那是怎樣的感覺？

有時候,被剝奪感深深烙印在心靈,我們可以透過浸淫在豐盛的象徵裡來嘗試消除被剝奪感——雖然這較常用於處理早期經驗,更棒的是,當存在已久的銘印消失後,我們將徹底走出剝奪意識。如此一來,就算是再尋常不過的生活也會感到豐盛。

留住正面感受

想要消除被剝奪感的影響,其中一種方法是刻意留住正面經驗,這是正向心理學的關注焦點,也獲得現代神經科學的支持。

在這方面,我一定會參考心理學家瑞克・韓森(Rick Hanson)的作品,他的文筆深入淺出。他說大腦是負面經驗的魔鬼氈、正面經驗的鐵氟龍,就算你的生活充滿正面經驗,它們也只會從表面滑過,如果你沒有學會暫時停下來把它們留住,它們就無法提供滋養。

韓森建立了一個模型,他針對這個模型寫了大量的文章,他把這個模型命名為「HEAL」,並且將之形容為「留住正面感受」(HEAL是一個縮寫詞,四個字母分別代表Have a positive experience——創造正面經驗,Enrich it——豐富這個經驗,Absorb it——吸收這個經驗,以及Link the positive experience to negative material in order to soothe and even replace it——將正面經驗連結負面事件,使其平息或甚至取而代之)。

第一步是刻意尋找正面經驗,並且將正面經驗留在身邊,盡可能沉浸其中,注意它為什麼帶給你良好的感受,你甚至可以盡量使用感受、情感與個人意義來強調或豐富這段經驗。品味這段經驗並且留住它,就是它能夠改變我們的原因。

正面感受已證實能發揮深遠的影響,包括:提振心情、使人更加樂觀,有助於培養恢復力,它是許多童年遭受情感忽視與情感虐待的成年人在情緒崩潰時的解方。

 想要消除被剝奪感的影響,其中一種方法是刻意留住正面經驗。

還有一個經研究證實的做法，那就是感恩。一開始，不妨試試以下的練習：

練習　細數生命中的好事

我在本章的開頭說過，母親留下的空洞是由許多特定的洞組成，而洞與洞之間是乾爽的土地；除了缺陷與發展不足之處，我們的內在也有需求獲得滿足的地方。牢牢鎖定自己的優點與資源，能幫助我們得到力量並且跳脫被剝奪感。

我們要列出三張主題不同的清單，第一張是你擁有的能力，第二張是你生命中所擁有的資產或幸運，第三張（應該最難寫）則是童年時期的正面經驗。

列出你擁有的能力，至少要寫二十個。比如說：

- 我知道怎麼當個好朋友，為他人提供支持。
- 我知道很多資源，也知道如何取得自己需要的資訊。
- 我對自己和他人充滿同情心（也許不是時時刻刻，但大部分時間是如此）。
- 我學會辨識和說出自己的感受，而不是單純發洩。
- 我能夠感受到自己很珍貴。

列出生命中幸運的事情，至少二十件。比如說：

- 我住在一個犯罪率很低的地方，鄰居都認識我、喜歡我。
- 茱蒂慷慨借出她的設備，這樣我就不用花錢買。
- 我晚上睡得很好。
- 我的按摩治療師技術很讚。

列出二十個童年的正面經驗，其中至少一半與母親有關。比如說：

- ◆ 小時候，哥哥曾在學校裡保護我。
- ◆ 需要看醫生時，母親帶我去醫院，積極幫我緩解頭痛。
- ◆ 父親帶我們去野外認識大自然。
- ◆ 開車出門旅遊時，我們會在車上唱歌，很開心。
- ◆ 母親關心我的裝扮，但是不會過度干涉。

把這三張清單準備好，當被剝奪感悄悄滲入內在時，你可以用它們與之抗衡。

學習自我照顧

我稍早提過，我們會用自己曾被對待的方式對待自己，這導致有些人會嚴重缺乏良好的自我照顧，個中原因通常是缺乏自我照顧的意識。母親情感缺席的成年人沒看過別人示範同頻的、體貼的照顧，他們也常會對痛苦的信號視而不見，記得在一個下雪天，有位女士來找我時沒穿襪子——她沒有發現自己的腳很冰。

缺乏自我照顧也有可能是一種厭惡和自我否定的表現，但這種情況比較少見。有位女性告訴我，有人建議她好好照顧皮膚的時候，她心中明確出現「我討厭照顧妳」的感覺，事實上，她都是等到皮膚龜裂了才擦保濕乳液。

有時，我們不想照顧自己是因為暗自期望得到別人的照顧。我聽過這種觀念：如果我照顧好自己的需求，就不會有其他人來照顧我，我也永遠都得不到別人的照顧了。有位女性說，她只有在崩潰時才能得到護持（因此，滿足自己的需求跟得到護持變得背道而馳）。

滿足自己的需求與別人滿足我們的需求，這兩件事並不互斥。我發現在我的朋友之中，我更願意滿足那些懂得自我照顧的朋友。滿足自己的部分需求會使你不那麼依賴、那麼黏人，這是一種示範，讓朋友知道你希望別人怎麼對待你。

　　一位有情感忽視經歷的個案曾目光空洞地看著我，疑惑地說：「什麼是自我照顧？我不知道這個詞的意思。是指好好吃飯、睡覺跟運動嗎？」

　　是，但遠遠不止如此。

- 良好的自我照顧是回應自己的需求，而不是把痛苦或為難的事情通通關在門外，阻撓正常功能發揮作用。你的感受和需求都很重要，值得以尊重與關愛得到照顧。
- 良好的自我照顧是找到能為自己帶來快樂或暫時逃離壓力的（健康的）活動。
- 良好的自我照顧是不要在艱難時期逼自己拿出最佳表現。
- 良好的自我照顧是憐憫地擁抱長期受苦且此刻正感到痛苦的人，而<u>這個人正是你</u>。如果你最好的朋友正在經歷你所經歷的痛苦，你會憐憫他，那麼你也能憐憫這樣痛苦的自己嗎？
- 良好的自我照顧是對自己仁慈。你跟心愛的人說話時充滿同理心與關懷，你能夠用同樣的方式自我對話嗎？你能夠溫柔撫摸自己的臉或手臂嗎？你能夠在需要休息時，讓自己休息嗎？
- 良好的自我照顧是找到讓心靈舒服的事物，例如握著你最愛的石頭、聽歌、坐在一個特別的地方，或是打電話給一個特別的人。

　　照顧康復中的病人通常意味著提供食物與協助，讓對方能好好休息和療癒，同樣地，照顧正在從情感病痛裡康復的自己意味著提供養

分，並且盡可能讓生活變得輕鬆一些，也就是把你自己（和你的身心健康）擺在第一位，比實現期待更加重要——能盡力符合期待當然很好，但是比不上療癒來得重要。

如同用紗布保護受傷的手指，良好的自我照顧也為神經系統提供了緩衝。自我照顧是留意影響你的每一件事：聲音、溫度、光、各種飲食對消化系統的影響、各種人對情感系統的影響等等。

療癒情感創傷的時候，你原本就不夠健全的神經系統得花費更多力氣去運作。現在，你明白這件事了，請留給自己比平常更多的「餘地」：在床上多躺一個小時；空出時間寫日記，而不是去完成待辦事項；如果你很想獨處，非參加不可的聚會可以提早離席（或是選擇不出席）。

練習如何好好的照顧自己會對身體傳遞一個重要訊息：「我關心你，你很重要。」對遭受情感忽視或虐待的孩子來說，這個訊息本身就是一帖良藥。

- 你的哪些行為（寫得愈仔細愈好）忽視了身體或情感方面的健康？你願意用怎樣的方式改變這個模式？你或許也能思考一下，沒有被忽視的部分可以如何改進。
- 列出當你需要撫育時，你可以做哪些事。請往健康的方向思考——通常是好母親會建議或提供你的事，例如泡個熱水澡、蓋條被子窩在舒服的椅子上看書、煮一鍋湯或泡一杯營養熱飲。

自我照顧是一種實踐，我們會在這樣的實踐中逐漸成長。一開始你或許會覺得自己很笨拙，但是別忘了，你將會在這樣過程中得到反饋。當你覺得身體放鬆下來，或是情感上多了一點空間，就表示你的自我照顧很有效，繼續加油！

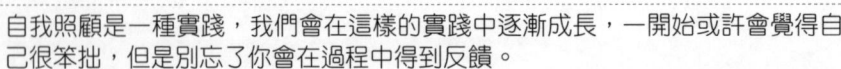
自我照顧是一種實踐，我們會在這樣的實踐中逐漸成長，一開始或許會覺得自己很笨拙，但是別忘了你會在過程中得到反饋。

安排有益身心的活動

有些事情本身就有療癒力,而且並不針對特定的缺陷或創傷,它們是強身健體的「補藥」,例如創造力和自我表達、跟身體建立友善的關係、滋養心靈的自我對話、享受大自然——很多人在自然環境裡找到童年缺失的護持。

受傷不是你的錯,但你要為療癒負責

留意對你來說「有療效」的事物。如同好母親會與孩子的需求同頻,你的任務是與自己的需求同頻,自己為自己提供滋養。

我鼓勵你為自己負起責任,彌補童年的部分缺失,加上前面四章的內容,你應該有足夠的材料能進行長期療癒,扭轉整體經驗,改寫自己的人生故事。

14 改寫故事
客觀審視母親的人生

我們用自己的經驗詮釋這個世界——我們認識的母親是自己眼中的母親。
但如果我們到這裡（過去和現在我們眼中的她）就停止往下深思，將會遺漏掉一大部分，我們必須將母親視為一個完整的人……

「故事」一詞有兩層涵義。

第一個涵義是我們的主觀描述，我們對自己訴說的故事，這個故事可能與客觀事實大相逕庭，以至於我們看不見客觀事實。比方說，如果我們困在一個被剝奪的故事裡，就看不見自己需要的東西其實早已握在手中。

「故事」也可以用來指稱更客觀的事件描述，例如敘述某個人的一生，也就是依序發生、構成人生的種種事件。

本章要檢視的是母親的故事（第二種涵義），並且探討它如何影響我們自己的故事（第一種涵義）。

我們會看見這些影響如何代代相傳，也將思考這些修復工作對我

們現在──成年後的我們──跟母親的關係來說有何意義，以及對進行中的療癒本質有什麼意義。

母親的故事

我們的主觀故事靠童年的感受維持，本質上是個以自我為中心的故事。我們用自己的經驗詮釋這世界──我們認識的母親是自己眼中的母親。

如果我們到這裡（過去和現在我們眼中的她）就停止往下深思，將會遺漏掉一大部分。如果你有孩子，你能想像別人只透過你與其中一個孩子的互動來認識你嗎？你擁有許多面向、你的人生還有許多其他部分，這些都深深影響著為人父母的你。

停止重複播放關於母親的、有缺漏的故事，將母親視為一個完整的人，這是療癒的重要過程。我們必須客觀看待她的故事，而以下這個練習或許會有幫助。

> **練習 訴說母親的故事**
>
> 這個練習有好幾種進行方式，你可以請朋友聆聽你訴說母親的故事，也可以寫下來，長度與詳細程度不拘。
>
> 我列出了以下這些問題，它們有助於刺激你思考，但你不使用這些問題也沒關係。不是每個問題都符合你的情況，有些問題或許是你無法回答的。
>
> ◆ 你對母親的童年有多少的認識？例如她的家庭環境怎樣？她跟父母感情好不好？她的父母是怎樣的人？她有幾個兄弟姊妹？她排行老幾？她有沒有擔負照顧弟弟妹妹的責任？

- 她的童年快樂嗎？你認為她度過怎樣的童年？
- 她年輕的時候重視哪些事情？她對人生有何期待？
- 你認為她在成家之前，對自己的「認識」有多深？
- 她如何處理親密關係？
- 她為什麼生孩子？
- 身為幼兒的母親對她來說是怎樣的感覺？哪些事對她來說可能特別困難？她擁有哪些支援？
- 當時她的人生中發生了哪些事（包括家庭與世界）？有哪些社會與經濟上的壓力？
- 你對她的健康和整體活力有哪些了解？
- 你出生時，你家正處於什麼樣的情況？這些情況對你和母親的情感連結有何影響？
- 如果她有工作，是怎樣的工作？她喜歡這份工作嗎？工作是否賦予她力量？
- 成為青少年的母親對她來說是怎樣的感覺？
- 孩子幾歲或進入哪個階段時，對她來說難度最大？你認為其中的原因何在？
- 她年輕和步入中年後，發生了哪些其他的重大人生事件？
- 她最大的優勢是什麼？最大的缺陷是什麼？
- 你認為她人生中最大的難處是什麼？
- 你認為她對自己養育你的方式滿不滿意？
- 她在人生的哪些方面最沒有成就感？
- 如果她能誠實回答的話，令她感到後悔的事是什麼？
- 請為她的人生故事想一個名字，怎麼樣的名字最能捕捉到這個人生故事的精髓？

> **練習　母親的人生墊腳石**
>
> 這個練習是概括描繪（或補充）母親人生故事的另一種方法。這種方法使用的是艾拉‧普羅果夫（Ira Progoff）的日記技巧，也就是他發明的深度日記法，又稱為墊腳石清單。普羅果夫用「墊腳石」來指稱人生的重大標記，但不一定是事件本身，舉例來說，墊腳石可以是人生中具有特殊氣氛或性質的一段時期。
>
> 普羅果夫建議墊腳石清單僅需列出八項或十項，絕對不要超過十二項。不需要依照時間順序或甚至重要性排序。寫墊腳石清單時，想到什麼就寫什麼。寫這張清單時，處於安靜、接納的狀態會比用力思考來得容易。
>
> 記住以上的說明，為母親寫一張有八到十二個重大人生標記的清單。

> **練習　母親的信**
>
> 第二個練習或許能揭露許多訊息。
>
> 寫一封來自母親的信，不論你的母親依然健在、已經過世，或是你們已經斷了聯絡，都沒有關係，請想像她可能會對你說些什麼。信的內容可以是你們的關係、一個問題，或是她對你的期待……任何你能想到的從未說出口的話。練習結束後，觀察自己的感受。

有些治療技巧是從母親的視角出發，例如完形治療、角色扮演、心理劇和家庭系統排列等等，進行這些治療時，你或另一個人會從母親的視角來說話與行動，但有時候其實是從更深層的靈魂視角出發，而不是外在的人物形象。有人在扮演「母親」時以母親的身分說她覺得自己很空，沒有東西可以給予，看到女兒使她感到痛苦，因為她知道女兒需要的更多。

了解母親的經驗很重要,如此一來,你不會一廂情願地認定她的行為是出於討厭你,也更容易跳出那種自己不值得被愛的感覺,因為你知道母親不擅長表達愛;你不再感到迷失茫然,因為你知道母親完全沒有引導他人的經驗,而且很可能她自己也未曾得到引導。

我們把母親看得愈清晰,就愈容易體會她們的感受、心生憐憫。

你的故事

治療師兼作家艾芙琳・巴索夫(Evelyn Bassoff)寫道:「對受傷的母親心生憐憫,並不能排解受傷的內在小孩感受到的痛苦。」母親的故事只是療癒的一部分,我們也需要處理自己經歷的故事。

我在前一章提到,我們對自己的故事不一定有完整覺察,但這是可以做到的。本章的第一個練習是訴說母親的故事 P245 ,現在我要請你說說自己的故事,你可以找個人傾訴,也可以寫下來,故事可長可短,但簡短的故事有個好處:主軸通常會比較清晰。當你思考這輩子的人生經歷時,有哪些事特別突出呢?

我在說自己的故事的時候,發現要從童年開始說極度困難,因為太悲慘、太傷心、太容易深陷其中了。既然從童年出發很難,我決定從十八歲離家的時候開始說起,一路說到現在,然後進入未來,這一段故事讓我露出了微笑;我很喜歡故事的結尾,也感受到療癒並充滿力量。我想,現在我可以回頭從童年開始說起,我可以坦然說出真相,不會再被感受束縛,讓一切籠罩在感受的陰影之下。

你的故事會隨著療癒而改變。

當你能更加客觀地理解母親為什麼無法發揮應有的功能、負責地用母親的支援照顧你,再加上接受其他人發揮的母親作用並確保自己的需求獲得滿足,你就能改寫自己的故事。

 你的故事會隨著療癒而改變。

親子雙人舞

你和母親的故事交會的地方，就是你們共舞之處，記住這點很重要，這能解釋為什麼同為手足，兄弟姊妹卻跟我們會有截然不同的經驗。兄弟姊妹的敏感度都不一樣，各自的需求不一樣——與母親的契合程度也不一樣。在其他條件都相同的前提下，寶寶愈強健、與母親愈契合，這段關係就會愈輕鬆，問題是——其他條件不可能相同。

舉例來說，正在承受喪親或喪偶之痛的母親與十二個月大的寶寶的相處方式，會跟六歲的孩子完全不一樣。每個孩子與母親之間的雙人舞都是獨一無二的。

■ 哪些詞能用來形容你和母親的關係？冷淡？敵對？有沒有特別容易發生衝突的地方？你們的關係是淺薄而出於義務的嗎？有沒有親密的互動？如果有，在這樣的時刻你感覺如何？你喜歡這種親密嗎？還是覺得很尷尬，難以完全接受？

我們在前面寫過母親的人生墊腳石 P247 。現在要寫的是你和母親的關係有哪些墊腳石。數量維持在八到十二個之間，寫下這段關係的重大標記。

評估你和母親的最佳關係

你或許會感到很訝異，你和母親現在的關係，與你療癒母愛創傷的過程是可以分開進行的。類似「除非母親能理解我的感受、彌補過去的錯誤，否則我無法療癒這沉重的創傷」這樣的想法，是大錯特錯的。原因有三個：

一、你把自己的療癒交到了母親手上,但其實你不需要靠她也能獲得療癒。

二、如果你仍沉溺在悲傷、怨恨或憤怒裡,就不太可能從一個沒有過往包袱的起點開始,與母親發展新的關係。你必須先在處理艱難的感受上有些進展。

三、如果你與欠缺母愛的內在小孩過度融合,就沒辦法評估母親的能力。你需要堅強的成年自我來做這件事,成年自我同時也能為之後的正面對質或修復工作做好準備。

在考慮這支親子雙人舞的下一步該怎麼做時,你必須釐清自己想要什麼、客觀評估所有的可能性,並且知道你願意面對怎樣的風險。以下這幾個問題或許能幫助你思考:

- 你想要什麼?你有沒有受到「應該如何」的影響?比如說,你「應該」跟母親保持親近?如果你暫時放下這些想法會怎麼樣?在考慮各種可能性的時候,有哪些可能性會給你一種解脫感?
- 如果情況一直沒有改善,會怎麼樣?
- 母親有能力維持更溫暖、更真誠的關係嗎(觀察她在其他人際關係中的情況來做判斷)?
- 從母親的視角看來,她想和你維持怎樣的關係?(世代與文化因素也會影響她的期待、渴望和能力。對她來說,親近感指的是逢年過節的陪伴,還是分享感受與心理支持?)
- 你有能力在情感上與母親更加親近嗎?你的內在需要做出怎麼樣的改變?
- 你對實現這樣的關係是否感到恐懼?
- 如果她對你的主動親近,時而回應時而不回應,對你會有何影響?

你不需要靠你的母親也能獲得療癒。

■ 現在是好的時機嗎？你和你的母親有沒有足以照顧這段關係的情感能量？

成年後的孩子與母親之間的最佳關係沒有標準答案，必須考慮到你們的人格特質、能力、經歷、需求與現階段的情況。

相敬如賓

維持淺薄的人際關係似乎是情感封閉和疏離的母親最為常見的情況，這是接觸程度最低的人際關係，僅停留在表面交流，永遠都不會更加親近。不想傷害母親或失去家族聯繫的成年孩子亦是如此，只要在情感上保持距離，就不會自討苦吃。

面對干涉、糾纏或過度無助的母親，進入一個界線較清楚、接觸程度較低的關係，或許會是個值得嘗試的做法，這麼做能保護你免於在這段關係中持續受到傷害。這對母親來說算是一種「降級」，因為這會把她挪出她發揮過多影響力的、屬於你的小圈子。

強化界線

有了保持界線的能力，我們才會覺得自己不需要在關係中一再退讓；有說「不」的能力，才有更多說「好」的自由。

面對年老的母親我們需要怎樣的界線，取決於母親的類型。

先來看看「無助影后型母親」，她們會經常打電話請孩子提供建議，卻幾乎不會照做——她們想要的不是建議，而是接觸。這種母親可能相當令人惱怒，因為她們會不斷跨到孩子的界線內；你請母親不要在上班時間打給你，卻總是有這樣那樣的各種危機讓她一次又一次地打擾你。

假使母親總是展現她的無助，可以參考羅森的《超越讓你備受折

有說「不」的能力，才有更多說「好」的自由。

磨的母女關係》,她在書中針對「流浪者型母親」 P143 的建議處理方式廣受應用。

羅森的建議是持續向母親傳遞一個訊息:她可以而且也必須自己幫助自己,你或許可以說:「對不起,我幫不上忙;我知道妳可以自己把這件事處理好。」不要讓非必要的無助感和需求綁架自己,強迫她直接說出自己想要什麼——這是一個很有用的大原則,當她明確說出自己的要求時,你就可以決定自己是否想要滿足她的要求,而不是被莫名捲入其中,搞到母親所有的問題都變成你的責任。

面對這樣的母親,你必須讓她知道你不會被她操控(常見的手段是挑起你的罪惡感),也不允許她的侵擾。羅森建議讀者針對母親不適當的行為先提出警告,再以合理的自然反應加以貫徹——這其實就像我們對待孩子的態度一樣。

「女王型的母親」 P143 則需要用截然不同的方式來應對。她在許多方面都更加脆弱,雖然你必須在她每一次踩線時提醒她,但是提醒的時候要非常小心,要是她覺得你在責怪她,那可就不妙了!

羅森的「女巫型母親」 P143 有施虐傾向,類似帶有惡意的自戀型人格,她給出的建議我並不陌生:趁早逃離。任何口頭上的抵抗或反擊,都只會招致更多虐待,這並不代表你只能裝死,但是你完全沒必要火上加油。

面對較為無害的情感缺席型母親,雖然無須過分小心翼翼,但也別把情況搞得劍拔弩張。我一位個案的母親住在離她家僅需三十分鐘車程的地方,母親會要求已成年的女兒週六當她的司機。後來,女兒學會拒絕:「週六我不行,但是週五下午可以。」而且她後來發現,母親似乎對她展現出更多尊重——我們的回應方式會讓對方知道如何對待我們。

簡單說一句「我覺得這樣不行」就能設定界線,不需要解釋,當

然也不需要因為拒絕而有罪惡感。界線給我們一種完好無損、主宰人生的感覺，愈是能夠感受能量界線和維持外在的行為界線，就愈容易放鬆，不再懼怕白目或苛薄的人。

想要擺脫侵擾的家人，設定界線是重要步驟。想法獲得尊重，對建立自主意識與權利意識來說至關重要，但是你必須做好心理準備，如果家人不尊重你的界線，你會感到受傷和憤怒。遺憾的是，你最需要劃清界線的人，正是那些不習慣尊重界線的人，所以你要把你的自然反應準備好，例如告訴母親，如果她不停止大吼大叫，你就會掛電話，並且必須在她繼續大吼大叫的時候毅然掛上電話。

說出真實感受

許多成年人極度渴望母親知道他們小時候覺得自己被拋棄、被誤解、被糟糕對待，這樣的人我認識不少。他們希望有機會說出自己的真實感受。

有時候，說出真實感受和要求自己想要的東西有助於促進理解，進而讓你們的互動變得更有溫度。若能處理得當，正面對質其實是一種專注而親密的互動──你允許另一個人走進自己脆弱的內在世界。

然而，大部分的人缺乏正面對質的練習，往往一開口就是抱怨，所以對方往往會用防備的方式回應，因為他們並不想覺得自己有錯。我的經驗法則是：<u>你可以告訴對方該怎麼做你才會開心，而不是指責對方哪裡做錯</u>；給他們一個機會覺得自己很好，擺脫對你做錯什麼的的挫敗感，重獲你的歡心。

可惜的是，就算你再怎麼舌燦蓮花，最無情的母親也聽不進去。我在治療經驗中看過，當母親無法靠近我們時，那會是一件多麼讓人心碎的事。無論你再怎麼哭泣、懇求、提供建議、告訴她你需要什麼，她能給你最好的回應只有：「你今天過得不太順利嗎？」她沒有

> 界線給我們一種完好無損、主宰人生的感覺。想要擺脫侵擾的家人，設定界線是重要步驟。

接納你的感受和經歷，它們撞上一堵牆，然後又被彈回來；最糟糕的情況，是它們甚至變成了攻擊你的材料。

我發現多數人並不知道自己的心理防備有多強烈，靈活的自我才有辦法接納使我們難受的事實，不健康的母親只會否認（這件事沒有發生）、貶低（這件事沒那麼嚴重）、扮演受害者或攻擊。

假使你選擇要說出你的真實感受，那麼你必須誠實面對自己的意圖，你的動機是療癒與增進親近感嗎？還是基於隱密或沒那麼隱密的憤怒——你想以其人之道還治其人之身？要知道，你的內在狀態對結果有很大的影響。

如果你從內在小孩的觀點接近母親，她非常有可能用你小時候的方式回應你。當然，你的內在小孩非常想要知道母親對你感到抱歉、也很在乎你，但把內在小孩拉進正面對質是有風險的，它很可能會因為遭受拋棄或攻擊而再次受到創傷。較好的做法是讓內在小孩與你私下對話或在治療中發聲，那是充滿同理心的情境。若你決定對母親說出難以啟齒的真實感受，請讓成年自我上場。

離開母親

有些作家和治療師在談到脫離與母親的關係時，會使用「離婚」這個詞。跟原本就清淡如水的關係比起來，用「離婚」來形容結束高度衝突或糾纏的關係非常恰當，雖然我也知道，有些人會不以為然地說：「離婚？我們從來就不曾在一起！」

離開一段關係通常被視為最後的手段，之後需要大量的療癒，以及多次嘗試「走出來」卻不一定成功。假使母親無論如何就是無法尊重你的界線或停止傷害你，這時候，唯有離開她，你才能創造自己想要的人生。

但就像離婚一樣，你或許得嘗試多次才能真正離開母親。佩格·

史翠普（Peg Streep）在其著作《壞母親》中指出，當你的情感需求和一廂情願的渴望戰勝「母親給不了你想要的東西」這個你已知道的事實，你或許會選擇恢復這段關係。

史翠普寫的是自己的親身經驗，她分享了極為重要的體悟：「多年後我才發現，我的母親從來不曾主動跟我和好，現在我知道這是為什麼了：我不在，對她來說是一種解脫。我在她眼中像一面鏡子，反映出她最大的恐懼和失敗──為人母卻愛無能的事實。我相信對她來說，保守這個祕密比面對我更加重要。」

暢銷作家蘇珊・佛沃博士（Susan Forward）在《母愛創傷》裡建議想要結束母子或母女關係的人，寫一封簡短的、直接了當的信寄給母親，只要告訴母親你再也不想跟她聯絡、具體的做法包括哪些，並且請她尊重你的想法就夠了。這不是一封抒發情緒的信，不用討論你們之間的問題，也毋須指責，只是陳述生命中一個新的事實。

寫信的一個好處，是可以避開正面對質，讓自己又被拉回去。我碰過個案不想寫這樣的信，但是在界線反覆被侵入又重設之後，最終還是選擇與母親切斷聯絡。

離開母親是艱難的決定，多數人會承受一段時間的罪惡感，但他們同時也會因為離開母親而心生解脫感。這當然是邁向個人獨立的一步，只是也伴隨著對你想要的愛不再抱持希望的悲傷。

很多人擔心，親友會不認同這個改變。愈自戀、愈不健康的母親愈會到處說扭曲的一面之詞，希望獲得同情，並且懲罰和誹謗離開她的成年子女，這種情況很常見。你不能控制母親的行為，這就是為什麼放棄嘗試調整母親（或任何人）的想法或感受，是一件如此困難的事；母親會做她想做的事，不過，有眼睛的人能看見真相。你也可以跟自己最親近的家族成員分享你的遭遇，但最好先向對方保證你不會把他們捲進來，說不定有些親友能成為認同與支持你的來源。

內在切割

如果母親現在沒有傷害我們，切斷你與母親的關係或許沒那麼重要，比較重要的是內在與她切割。有很多人無論再怎麼不滿，依然負面地與母親融合為一，他們的內在仍在奮戰，仍在對抗母親，彷彿被一股暗流拉住，陷入母親無所不在的意識裡，想逃卻無處可逃。

擔心自己變得像母親一樣，或是被困在母親寫的劇本裡的個案，我會請他們做一個練習——列出自己和母親不一樣的地方。這會變成一張對照表，看見自己與母親的不同之處會使你發現「母親跟我並不一樣」，通常這會讓你大大鬆一口氣。

離開母親、擁有使你不被侵擾和糾纏的界線後，現在的你更加自由，可以展開一段更療癒、或至少更心安的關係。最重要的是，你擁有更多的自我。

邁向更療癒的關係

我最初訪談的個案之中，有些人與母親的關係有所改善，我發現主動做出改變的通常是成年的孩子。改變似乎來自成年子女給予母親溫暖的能力，他們的母親多半不曾給予孩子溫暖。已得到療癒的成年子女有能力理解母親的限制，他們原諒了母親，並且想要將母親留在自己的人生裡。

蘿拉‧戴維斯（Laura Davis）是暢銷書籍《錯不在你》的共同作者，她後來的另一本著作《和好再相愛》擴展了我們對和解的認識。這本書除了參考她與母親疏遠八年之後的和解經驗，她還訪談了一百人，他們都與母親修復了破裂關係，或是在知道不可能恢復情感連結後找到了內在平靜。

這是一本好書，我真心推薦，它能幫助我們跳脫以為一次談心就能和好如初的想法，並且明白和解需要時間。和解通常會遇到很多阻

若你擔心自己變得像母親一樣，可以試著列出自己和母親不一樣的地方。看見自己與母親的不同之處通常會讓你大大鬆一口氣。

礙；信任需要重建，因此進展很緩慢。戴維斯發現有些人需要討論過往創傷，有些人不用。

在戴維斯與母親和解的過程中，她自身的療癒發揮了最關鍵的作用，她早已處理好自己的創傷，並且放下一切。這裡所謂的放下與「獲得自主權」有關，這意味著事情的發展再也左右不了你，你也不再需要從母親那裡得到任何東西。唯有當你接受「我可能永遠等不到母親的道歉，她可能永遠也不知道我經歷了什麼，但是我知道；我確知自己的經歷，不需要她的認可，這是我靠自己努力得到的療癒，而不是靠她」，療癒才會發生。

「當你非常渴望維持與母親的關係時，你反而無法得到它，」戴維斯寫道，「你必須放下，說不定哪天它會從後門偷偷溜進來。」

我看過這種「舊帳一筆勾消」的和解。茱莉的故事是個好例子，她有個自戀的母親，和大部分自戀型人格的人一樣，母親的眼裡只有自己、沒有別人，凡事都以自己為重。她跟母親的關係是前面提過的相敬如賓 P251 。如果你和母親的關係裡沒有屬於你的空間，你們就很難變得親近。

茱莉的母親年老時罹患黑色素瘤，她經常為了照顧母親橫越整個美國，起初是出於義務，但三、四年下來，探訪母親讓她覺得愈來愈有成就感，因為母親對她愈來愈好。母親第一次在茱莉離開前站起來要擁抱她時，茱莉嚇到了。「只有妳一直陪著我！」母親吐露心聲。有些母親會說這種話來控制子女，但是茱莉聽見母親的脆弱與真誠，以兩人這輩子的相處經驗來說，茱莉認為這是「母親接納了我」。

她一邊以實際行動照顧母親，一邊認真聆聽母親說話。她愈深入了解母親小時候被拋棄的故事，就愈容易對這位垂死的老婦人心生憐憫；母親展現愈來愈多的脆弱，茱莉也漸漸放下了戒備，並且敞開胸懷。茱莉的坦然，使母親以感激的方式看待她，母親對她說：「妳是

我見過最仁慈的人。」這句話茱莉銘記於心。母親離世後,現在茱莉非常想念那幾年她「找到的母親」。

該不該原諒母親?

多數人都認為,我們「應該」原諒施加在我們身上的任何傷害。在宗教與道德教誨中,寬恕一直都被視為高尚的情操,寬恕能得到社會上的普遍讚揚,假使我們能寬恕,至少一定能得到別人的欣賞。你或許曾經注意到,你的深層痛苦會令許多人感到不舒服,他們希望你能寬恕,寬恕能讓這些痛苦煙消雲散。

我們自己也可能抱持相同的幻想——只要簡單地原諒對方,這些不好的感受就會消失,聽起來真是美妙。

遺憾的是,沒這麼簡單。

蘇珊・佛沃博士在著作《父母會傷人》中指出,寬恕沒有為她的個案帶來任何有意義的或長久的改變,他們也沒有因為寬恕而變得更喜歡自己。事實上,責怪的心情不會消失,因為無處可去,所以它通常會轉向你的內在,導致你更加討厭自己。

這使我們不禁想知道:寬恕到底是什麼?它來自何處?是因為想要當個善良的人?極度渴望超越痛苦?還是想要接受「現況」?

有些人認為,寬恕不是主動的行為,而是在我們完成療癒之後,假使有適當的條件,寬恕自然會發生——這也是我的看法。寬恕是放下過往恩怨,允許對方回到我們心中,這通常發生在我們處理完自己的憤怒、創傷與失望之後。處理完這些,責怪的心情便戛然而止,我們只想放下它,曾經啃噬我們的感受現在成了我們不想承受的負擔,我們可以邁步向前,享受更有趣的人生。

有些人認為,寬恕是一種善意的表現。無論如何,當寬恕出現

寬恕是放下過往恩怨,允許對方回到我們心中——它通常發生在我們處理完自己的憤怒、創傷與失望之後。

時，我們原諒了那個有缺陷的人類，他們曾因為自己的創傷而對我們做了壞事。寬恕不代表他們做的事可被接受，也不代表他們沒有錯，寬恕只是表示你承認，「是的，你做錯了，但我的心中依然留有你的位置。」

寬恕的前提包括了解對方為什麼那樣傷害你。戴維斯說：「當我們接受另一個人的不足，憐憫將油然而生。我們不會把他們的缺點當成針對我們的惡意，而是漸漸看清它們的本質：人性弱點。」

回顧事情的起點將是一個重大的轉變。認為別人施加在我們身上的事是出於惡意，是很自然的反應——尤其是對孩子來說，因為孩子不夠成熟，不知道對方之所以傷人是因為他們是破碎的。等我們療癒了破碎的自己，才會明白維持健康和完整有多不容易、日日與火力全開的痛苦共存有多難熬、我們自己有多不完美。

戴維斯的書裡還說了另一件令人驚訝的事：有位母親承認自己總是在成年孩子遇到困境、需要她的時候選擇消失，「我承受不住看見你很痛苦。」乍看是最無情、冷漠、自私的行為，如果放在更大的格局裡檢視，就能看見這位母親只是能力不足，而非惡意的「我一點都不在乎你」。

寬恕通常伴隨成熟而來，在我們處理痛苦的時候，心胸也會隨之敞開，但有時天真的孩子雖不成熟，卻也懂得寬恕——這是每個人都具備的潛在能力，然而需要寬恕的事情愈多，就需要更多的療癒才能恢復這種慷慨大方。我的經驗是，寬恕來得很慢，而且通常你會在事後回想時才發現。

有件事或許在此說明清楚會有幫助：完成療癒並且原諒曾經深深傷害你的人，並不能保證過去的感受不會再次出現。

舉例來說，就算走出創傷記憶，你仍有可能感受到強烈的憤怒。這其實是戰或逃反應的一部分——只是被壓抑住了，也是我們進入創

傷相關文獻中所謂的「僵住不動」狀態時（也就是裝死，野生動物被掠食者擒住時常會這麼做）會有的反應。遭受攻擊時，如果我們既不能戰也不能逃，很多時候就只能選擇放棄和解離——也可以說是按下電影的暫停鍵，然而，當電影再次播放，當僵住不動的狀態漸漸消退後，你剛才的感覺（雖然當時被壓抑住）便又回來了。你感受到屬於「戰」的憤怒，從生理與心理角度來說，出現這股憤怒是很自然的，憤怒是我們碰到侵犯時與生俱來的健康反應。

我們有可能在處理過往創傷的某個時刻與較年幼的內在小孩融合為一，部分原因在於我們是由解離的內在角色所構成的，雖然成年自我已走到某種寬恕階段，但內在小孩仍深陷於過去，而無法原諒。

基於這些複雜因素，討論寬恕時最好保持開放、靈活的心態。

沒有好母親的我，能成為好母親嗎？

大部分會情感忽視或情感虐待孩子的父母，確實是把自己童年的體驗施加在自己的孩子身上，但是這些年來，我看過許多個案儘管欠缺良好的撫育也能成為好父母，著實令人感動。

選擇不生孩子的女性大多欠缺母愛，害怕自己不知道如何養育子女。有時候，她們害怕自己會「弄壞」孩子，如同她們覺得自己被母親弄壞那樣（但是別忘了，還有其他重要的原因，也會讓人選擇不生兒育女）。

我會告訴有這種擔憂的女性，妳可以用不一樣的方法養兒育女。首先，在不受干擾的情況下，天生的母性本能會發揮作用，我看過女性成為母親之後對自己湧出的好母親能量大呼驚訝，意即成為母親使她們被愛籠罩。

其次，妳可能比妳的母親更加敏感——而且是指好的方面。很多

人雖然童年有負面遭遇，卻能夠成為更好的父母，除了因為天生比較敏感，也因為他們的經歷讓他們更懂得同頻——他們希望孩子擁有自己缺失的東西。

第三，妳可以學習。我鼓勵學習，成為好父母需要知道與發展程度有關的大量資訊，以及如何處理妳沒遇過的、層出不窮的事件。何不請教專家，例如看書、諮詢醫生或請教擅長照顧孩子的人，包括其他父母或保母。我在一開始就說過，<u>育兒是地球上最重要的工作</u>，所以尋求協助是非常合理的。

當然，照顧孩子的前提是妳要好好照顧自己，這樣妳才能保持清醒，不會進入心不在焉的自動駕駛模式，在自動駕駛模式裡，我們更容易重蹈覆轍，做出我們發誓絕不會做的行為。失能家庭的創傷療癒得愈好，就愈有機會衝破根深蒂固的影響。

有人說，讓孩子擁有自己童年缺失的東西也是一種療癒，但並非總是如此，我在先前提過幾次，如果妳給予孩子的東西會戳到妳的內在創傷、觸發潛在的痛苦，妳可能會感到更難受。

除此之外，我也看過許多女性沒做什麼療癒母愛創傷的努力，卻同樣成為了好母親。部分是因為我們的內在結構很複雜，而封閉的、受傷的內在小孩一直到我們直接提供母親的支援才得到療癒。雖然當個好媽媽當然能幫助妳的內在結構變得更健康，但請記住，這只是療癒的其中一種方式。

這裡說的雖然是好母親，但其實對於想成為好父親的男性來說也同樣適用。

不要著急，慢慢來

如果你已經展開療癒並踏上療癒之旅，你肯定知道這是一條艱辛

的路,是重大的重建工程,我們在許多方面改造自己,從邊緣腦的設定到核心信念,從我們的自我概念到與他人的關係,從心中的焦慮到我們給予愛、賺錢和晚上好好睡覺的能力。

這段旅程極可能長達數年,甚至數十年——我其實不太願意這麼說,因為我不想害你感到沮喪,但是,如果你以為療癒可以速成,卻發現其實不然,可能還是會一樣沮喪。我認識的人之中,沒有任何人曾經快速療癒創傷。

因此,你必須找到自己的步調,適當休息,有能力看見自己的進步,並且以自己的進步為榮,不要像母親那樣永遠看不見你的成就,遑論讚揚。

成長不是一條直線,而是螺旋狀,你會在類似的問題上往返循環許多次,假使你在經歷每一次循環的時候,發現情況沒有改變,那就表示你需要更多的協助;除此之外,這也可能是你還需要好好哀悼你所欠缺的東西、好好為不公平悲傷,並一次次地去滿足那些未獲滿足的需求。

不過,這樣的情況不會永遠持續下去,你會在療癒中找到慈悲,因此,雖然你不可能哭一場就消化掉壓抑多年的悲傷,但是療癒能帶你走得更遠更長,超乎你的想像。

好母親知道成長不是一條平坦的康莊大道,她不會在孩子落後時羞辱或責罵孩子,我們對自己也要發揮相同的憐憫與耐心,這是一個高低起伏的過程,盡自己最大的努力就好。

療癒有結束的時候嗎?

療癒的過程永遠不會結束,但是傷痛會結束,自己是「沒有母親的孩子」的感覺也有可能徹底消失。療癒之所以不會結束,是因為我

 療癒的過程永遠不會結束,但是傷痛會結束。

們隨時都在改變，隨著我們逐漸擺脫過去，就連時間也會改變我們的觀點。在完成一大部分療癒後的頭一、兩年，我們的感受會不同於十年之後，到那時，那些過去會感覺又更遙遠一些。

遭受嚴重創傷的人不可能假裝這件事情從未發生，即便你不再因為那些傷而草木皆兵，與創傷有關的記憶終究還是會留下來，然而，創傷的威力會隨著療癒消退，我們對於創傷被觸碰時的反應也會愈來愈輕微。我們不再深陷於被觸發的童年感受，而是學會將注意力稍微轉向，詢問內在小孩現在需要的是什麼。我們可以回應這些感受，而不是困在這些感受裡。

在療癒創傷的過程中，我們的身分認同也會慢慢改變，畢竟，我們的故事變得不一樣了，我們人生有了變化，內在的敘事也應該隨之改變。有個人曾告訴我：「創傷沒有消失，但它不是我的人生主軸，也不能定義我是誰。」

有替代好母親的人提供照顧，或是有能力成為內在小孩的好母親……對這些人來說，欠缺母愛的感受可能會被滿滿的母愛取代。你可以感受到愛、支持和照顧，你當然沒辦法回到過去重活一次，但現在你可以擁有當初你應當擁有的東西，誠如小說家湯姆・羅賓斯（Tom Robbins）所說──

「擁有快樂的童年永遠不嫌晚。」

附錄

三位母親,三個訊息:引導想像練習

　　為了理解不同類型的母親如何強力塑造孩子的經驗,讓我們用三種母親類型來做個練習:暴躁易怒的母親、情感缺席的母親和典型的好母親。

　　你的第一項任務是選角,可以參考以下的做法。

　　我們都遇過暴躁易怒的人,所以第一個角色應該不難想像。暴躁易怒的人很愛批評、愛發脾氣,而且待人嚴厲,順帶一提,暴躁易怒的母親特質符合第七章情感虐待的母親 P118 。第二個角色是情感缺席的母親,如果你的母親剛好屬於這個類型,就直接選她,如果不是,請發揮想像力。第三個角色是好母親,如果你曾遇過充滿關愛的人,就以此人為典範,如果沒有,可以用你在電影裡看過的好母親。

　　這個練習用引導想像的效果會最好。一開始,先讓自己進入放鬆的狀態,可以請別人幫你念出指示,這樣你才能更加深入體驗。第二種做法是先把指示錄下來,在練習時播放。第三種做法是在書頁與內在體驗之間來回,有些人可以在看書之後,閉上眼睛就立刻進入內在世界。

　　這個練習可能會引發強烈的感受,你或許會想在練習結束後保留一段沉澱的時間,當然,你也會希望不要受到任何干擾,所以把電話

關機,並且讓其他人知道至少這半個小時你沒空。在每個問題後面應保留足夠的停頓時間,讓你的體驗有機會展開,不要有倉促之感。我們將從三個年齡的孩子視角來想像這三種母親類型,先從暴躁易怒的母親開始。

　　找到一個有舒適支撐的姿勢,也可以躺下。做幾次深呼吸,感受身體隨著每一次呼氣逐漸放鬆。享受你為自己空出時間好好放鬆的感覺;如果眼睛輕輕閉上會讓你感到舒服,請閉上雙眼。

　　在這個練習中,你什麼都不用做。這是好好放鬆與接受引導的機會,隨著你進入愈來愈深層的放鬆與幸福時,讓感受、畫面和知覺自然浮現。

　　先想像暴躁易怒的母親。體會這位母親的感受與形象,體會她的能量。

　　想像你在一個陽光充足的育嬰室或房間裡,你躺在一張毯子上,你大概六個月大,背景裡有啁啾的鳥叫聲。看看牆壁和毯子是什麼顏色,室溫是幾度。母親走進來餵你。當她靠近你的時候,你有什麼感覺?她有怎樣的聲音?怎樣的動作?當她抱起你的時候,你感覺怎麼樣?她如何跟你互動?你的身體有什麼感受?你的呼吸有什麼變化?(長停頓)

　　接下來,想像自己介於四到六歲之間。你在家裡玩。你正在做什麼?母親正在做什麼?她有陪你玩嗎?觀察她的聲音、動作和表情。她在你身邊時,你感覺怎麼樣?你的身體有什麼感受?仔細關注你的內在狀態。你察覺到什麼想法、畫面與知覺?出現怎樣的情緒?(長停頓)

時間快轉，現在你是八到十歲。請自己想像一個環境，母親就在不遠處。你正在做什麼？母親距離你多遠？看見她跟你身處在同一個畫面裡，你感覺怎麼樣？觀察你的身體有怎樣的感受。

　　慢慢回到現在。你或許想要寫幾個字讓自己記下這段體驗。

　　接下來換情感缺席的母親，花一點時間體會她的感受。

　　想像你約六個月大，躺在一個陽光充足的房間裡。母親走進來餵你。觀察她與你互動的性質，尤其是身體和情感上有怎樣的感受。這段與母親相處的時間，你感覺怎麼樣？（長停頓）

　　現在想像你是四到六歲，你在家玩，母親在不遠處。你正在做什麼？母親正在做什麼？她有陪你玩嗎？觀察她的聲音、動作和表情。她在你身邊時，你感覺怎麼樣？你的身體有什麼感受？仔細關注你的內在狀態。（長停頓）

　　時間快轉，現在你是八到十歲。請自己想像一個環境，母親就在不遠處。你正在做什麼？母親距離你多遠？看見她跟你身處在同一個畫面裡，你感覺怎麼樣？觀察你的身體有怎樣的感受。（停頓）

　　慢慢回到現在，寫幾個字提醒自己這段體驗。

　　最後，是好母親。請再次回到育嬰室，當她靠近你的時候，你聽見她的聲音。她發出怎樣的聲音？她用怎樣的眼神看你？她臉上是怎樣的表情？觀察她伸手摸你的方式，她的動作帶有怎樣的性質？注意她的觸摸給你怎樣的感覺，以及你和她在一起感覺怎麼樣。你的身體有什麼感受？（長停頓）

　　現在想像你是四到六歲。你在家裡玩，任何地方都可以，可以是室內，也可以是室外，而母親也在這裡，當你想要找她時，她就在身邊。她怎麼陪你玩？觀察她的聲音、動作和表情。媽媽陪你玩，你感

覺怎麼樣？你的身體有什麼感受？仔細關注你此刻的內在狀態。（長停頓）

　　接下來進入與好母親相處的最後一個年齡，這次你是八到十歲。觀察你在什麼地方，你正在做什麼。母親距離你多遠？看見她跟你身處在同一個畫面裡，你感覺怎麼樣？觀察你的身體有怎樣的感受。

　　慢慢回到現在，寫幾個字提醒自己這段體驗。

　　你觀察到什麼？和這三位母親相處起來，各是怎樣的感受？

　　通常暴躁易怒的母親（和暴躁易怒的人）會使我們繃緊肌肉、屏住呼吸，不敢隨心所欲，因為我們不管做什麼都有可能是錯的，所以跟她們相處時會感到綁手綁腳。對許多人來說，跟這種人相處的感覺可說是「如履薄冰」，我們通常會選擇對這種人敬而遠之。

　　相反地，我們喜歡跟提供撫育的母親在一起，這誘發出我們充滿感情的一面，我們會很愛笑、覺得開心，母親允許並支持我們嘗試新事物和做傻事。

　　情感缺席的母親通常會讓我們感到她心不在焉，跟這樣的母親在一起，我們會覺得恍惚、疏離、無法活在當下。當你想像著這樣的母親時，你或許會覺得自己比較嚴肅和孤單，有些人會感到憤怒，想做一些誇張的事情來爭取母親的關注。

　　母親的性情和能量對孩子影響深遠，這件事還需要懷疑嗎？